Leben will ich, leben, leben!

2. Auflage 2020
© Elisabeth Sandmann Verlag GmbH, München
ISBN 978-3-945543-80-1

Cover & Satz: Anja Fuchs, Nürnberg
Fotos: Archiv Saskia Bontjes van Beek
Druck & Bindung: GGP Media GmbH, Pößneck

Besuchen Sie uns im Internet unter:
www.esverlag.de

Cato Bontjes van Beek
Hermann Vinke (Hg.)

»Leben will ich, leben, leben«

Die junge Frau, die gegen die Nazis kämpfte und ihr Leben ließ

ELISABETH
SANDMANN

INHALT

I am the daughter of earth and water
And the nursling of the sky ...
I change but I cannot die.
Percy B. Shelley*

* Percy Bysshe Shelley (1792-1822), englischer Dichter der Romantik. Widmung aus einem Gedichtband von Shelley, den Cato Bontjes van Beek wahrscheinlich von einem niederländischen Kriegsgefangenen geschenkt bekam: »Poems by Percy Bysshe Shelley«, Rom 1819.

EINLEITUNG

»Ihr redet alle nur, aber keiner tut etwas!«

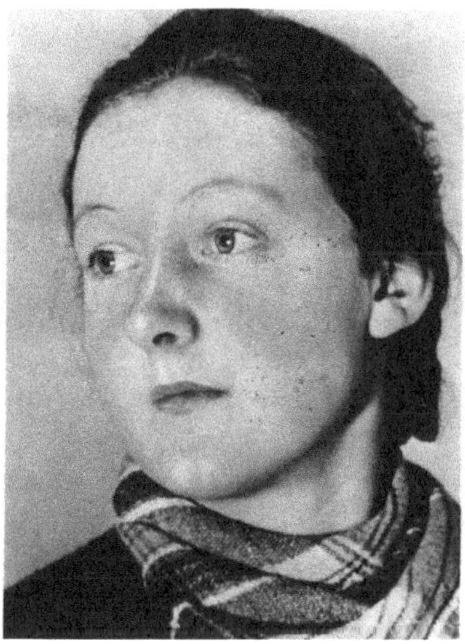

Briefe, Kassiber, Aufzeichnungen – die Widerstandskämpferin Cato Bontjes van Beek als Vorbild für Mut und Entschlossenheit im Kampf gegen das NS-Regime

Abb.: Cato, 1941

Sophie Scholl kennt jeder. Aber Cato Bontjes van Beek? Der Name klingt niederländisch und ist bislang nicht in das Bewusstsein einer breiteren Öffentlichkeit gedrungen. Und doch gehört dieser Name in die Reihe der deutschen Widerstandskämpferinnen gegen den Nationalsozialismus. Wie Sophie Scholl wurde Cato Bontjes van Beek wegen ihrer Aktionen gegen das NS-Regime angeklagt und zum Tode verurteilt. Wie Sophie Scholl bestieg sie ruhig, aufrecht und mit einem fast übermenschlichen Mut das Schafott.

Die Parallelen zwischen beiden Frauen sind überraschend. Beide waren künstlerisch begabt. Beide konnten sehr gefühlvoll sein und besaßen einen klugen Verstand. Beide liebten die Natur fast überschwänglich und schwärmten in Briefen und Tagebuchaufzeichnungen von den ihnen vertrauten Landschaften. Sophie Scholl wuchs in einem bürgerlich-liberalen Elternhaus in Ulm im Südwesten Deutschlands auf und schloss sich der Münchner Widerstandsgruppe »Weiße Rose« an. Cato Bontjes van Beek entstammt einer Familie von Malern, Musikern und Keramikern im Nordwesten Deutschlands, wuchs in Fischerhude, einem Dorf in der Nähe von Bremen, auf und schloss sich in Berlin der Widerstandsgruppe Schulze-Boysen an, die von den Nazis als *Rote Kapelle* bezeichnet wurde.

Wie Sophie Scholl ist die Widerstandskämpferin Cato Bontjes van Beek (1920-1943) ein Vorbild für Mut und Entschlossenheit im Kampf gegen das verbrecherische NS-Regime. Die 1920er-Jahre, in die sie hineingeboren wurde, werden gerne als eine »goldene Zeit« verklärt. Historisch

Abb. oben: Haus in der Bredenau (1920er-Jahre); Abb. links: Theodor Lessing, Maria, Mietje, Tim, Fischerhude 1930; Abb. rechts: Cato, 1924; Abb. unten: Keramiken aus der FKK

betrachtet waren sie nicht viel mehr als ein Wimpernschlag zwischen zwei verheerenden Weltkriegen. Doch geht von diesen Jahren noch immer eine eigenartige Faszination aus. Diese Faszination erreichte damals auch das kleine Dorf Fischerhude bei Bremen, den Heimatort von Cato. Ihr Elternhaus war ein Kosmos dieser neuen Zeit, ein Haus der Maler, Musiker, Philosophen und Lebenskünstler.

Ihre Mutter Olga war eine vielbeachtete Ausdruckstänzerin mit Auftritten im In- und Ausland. Sie gab ihre Karriere auf, als die drei Kinder Cato, Mietje und Tim zur Welt kamen, und wandte sich der Malerei zu. Jan Bontjes van Beek, der Vater mit niederländischen Vorfahren, gehörte als Matrose am Ende des Ersten Weltkrieges den Arbeiter- und Soldatenräten an, die nach der Abdankung des Kaisers Wilhelm II. die Revolution durchsetzen wollten. Über die von Heinrich Vogeler gegründete sozialistische Kommune *Barkenhoff* in Worpswede gelangte Jan schließlich ins Nachbardorf Fischerhude. Er hatte sich in Olga Breling, eine von sechs Töchtern des Malers Heinrich Breling, verliebt und sie sich in ihn.

Weimar und die Goldenen Zwanziger Jahre

Die Weimarer Republik war die erste Demokratie auf deutschem Boden. Nach ihrer Gründung im Jahre 1919 gab es zunächst eine Phase des Schreckens mit Inflation, Bürgerkriegsstimmung und politischen Morden. Der Publizist und spätere Widerstandskämpfer Carl von Ossietzky fand am 17. Januar 1925 in der Berliner Zeitschrift *Tage-Buch* dafür die folgenden Worte: »Der Hass war alleiniger Bewusstseinsinhalt geworden. Die Hand an der Gurgel, in der Tasche des anderen, so hat das deutsche Volk in den bitterbösen Jahren zusammengehalten.«

Erst 1924/25 beruhigte sich das innenpolitische Klima. Amerikanisches Kapital floss ins Land. Die Lasten der Wiedergutmachung, die der Versailler Vertrag von 1920 Deutschland aufgebürdet hatte, wurden erträglicher. Und so war die Sorge um das tägliche Brot nicht mehr das einzige Thema, das die Menschen beschäftigte.

Zwar beherrschte die Armut nach wie vor einen großen Teil der Bevölkerung, doch entwickelte sich in Städten wie Berlin eine mitreißende Aufbruchstimmung. Es war, als wollten die Menschen die Not und das Leid der Kriegsjahre endgültig abschütteln.

Berlin wurde zum Mittelpunkt für Kunst und Kultur, ein Magnet für Maler und Architekten, Schriftsteller und Musiker, Theaterleute und Publizisten. Die politischen Gegensätze prallten weiter aufeinander, aber Berlin war zugleich eine tolerante und freizügige Stadt. Die Gründung von Parteien oder Zeitschriften, lärmende Manifeste und dreiste Pamphlete, dröhnende Kundgebungen und begeisternde Theaterinszenierungen, das alles machte die »Goldenen Zwanziger Jahre«, die »Roaring Twenties«, aus.

Mode und Musik, Frisur und Tanz – alles änderte sich. Frauen trugen Bubikopf und legten grelle Schminke auf. Männer flanierten mit Scheitel, Schnurrbart und Knickerbocker auf dem Boulevard. Auf dem Tanzparkett waren Swing, Jazz und Charleston en vogue. Musik ertönte vom Grammophon oder von Schellack-Schallplatten.

Allzu viel modischer Firlefanz gelangte nicht bis in das Wümme-Dorf Fischerhude, wohl aber Gedanken über Gott und die Welt. Mietje Bontjes van Beek, Catos jüngere Schwester, erinnert sich:

»Viele Menschen kamen in unser Haus, unter ihnen Freunde, die der Familie geistig nahe standen. Wenn sich die Großen lebhaft unterhielten, wurde unsere kleine Küche zum politischen Universum. Wir drei Kinder saßen brav und still am Tisch, versuchten zu verstehen und begriffen doch noch wenig. Als wir größer wurden, erkannten wir deutlich die Atmosphäre, die das Denken unserer Eltern und ihre politische Haltung bestimmten.«[1]

Der geistige Kosmos

Jan Bontjes van Beek baute zusammen mit seiner Schwägerin, der Bildhauerin Amelie Breling, eine Töpferei auf, die *Fischerhuder Kunstkeramik / FKK*, und versuchte sich an neuen Formen und Glasuren, die er später als Keramiker zu großer Meisterschaft entwickelte. Die Stücke mussten natürlich auch verkauft werden, um die knappe Haushaltskasse aufzubessern. Also war Jan Bontjes van Beek oft unterwegs, um Käufer für seine Vasen, Schalen und Gefäße zu finden und sich künstlerisch weiterzuentwickeln.

Bereits mit zehn Jahren willigte Cato wie selbstverständlich ein, zu Verwandten nach Amsterdam zu gehen, um dort eine deutsche Schule zu besuchen und Niederländisch zu lernen. Das Verhältnis zu ihrer kinderlosen Tante, die ein braves Mädchen erwartet hatte und keinen norddeutschen Wildfang, machte Cato allerdings zu schaffen. Dennoch hielt sie durch.

1 Mietje Bontjes van Beek, »Verbrennt diese Briefe! Kindheit und Jugend in der Hitlerzeit, 1922-1945«, Fischerhude 1998, S. 31.

Abb.: FKK-Werkstattschild

Kaum war sie von Amsterdam nach Fischerhude zurückgekehrt, kündigten sich einschneidende Veränderungen an. Im Januar 1933 kamen die Nazis an die Macht. Bald darauf trennten sich die Eltern. Amelie Breling, Catos Tante, musste die Töpferei allein weiterführen. Denn Jan Bontjes van Beek ging nach Berlin, in die Reichshauptstadt, die für jeden Künstler trotz der braunen Machthaber weiterhin eine große Anziehungskraft besaß. Dort baute er in der Jungfernheide eine neue Keramik-Werkstatt auf und ging eine neue Beziehung ein.

Cato wäre am liebsten gleich ihrem Vater in die Weltstadt Berlin gefolgt, vielleicht auch, um ihrer großen Leidenschaft, dem Fliegen, nachgehen zu können. Aber gleichzeitig hing sie an Fischerhude und an ihrer Mutter. Erst zu ihrem 15. Geburtstag schickte Jan ihr eine Einladung, ihn zu besuchen, die Cato sogleich mit einem mehrseitigen Brief beantwortete, in dem sie eine Reihe von Ländern auflistete, die sie eines Tages bereisen wollte.

Ihr großes Idol war die amerikanische Flugpionierin Amelia Earhart, die als erste Frau den Atlantik per Flugzeug überquerte und bei dem Versuch, um die Erde zu fliegen, 1937 im Pazifik verschollen ist. Für eine Frau, erst recht für ein junges Mädchen, war es damals ein absolut verwegener Gedanke, Pilotin werden zu wollen. Zwar gab es einige wenige berühmte Flugpionierinnen. Ansonsten war Fliegen Männersache. Cato hatte sich jedoch in den Kopf gesetzt, eines Tages in den Lüften zu schweben, im Cockpit am Steuerknüppel zu sitzen und eigenständig ein Flugzeug zu lenken.

Abb.: Cato mit Tante Nelly in Amsterdam, um 1930

Als 16-Jährige durfte Cato in England, während ihres zweiten Auslandsaufenthaltes, erstmals mitfliegen. Ihren Flugschein als ausgebildete Segelfliegerin absolvierte sie später in Berlin.

Ihre zweite Leidenschaft galt der Literatur. Auch auf diesem Gebiet kannte ihre Entdeckerlust keine Grenzen: Fernöstliche Philosophie, die Gedanken und Lehren der großen Denker, russische, französische, englische und deutsche Dichter und Schriftsteller beschäftigten sie unablässig. Über das Gelesene tauschte sie sich in ihren zahlreichen Briefen mit ihrer Mutter, den Geschwistern, Verwandten und Freunden aus und forderte diese auf nachzulesen, was sie schon entdeckt hatte.

Die Gedankenwelten, die Cato sich durch das Lesen erschloss, gaben ihr immer wieder Auftrieb. Ihr Wissensdrang versiegte auch dann nicht, als die Nazis sie in Haft nahmen und für viele Monate von der Außenwelt isolierten. Dass sie am Anfang ihrer Gefangenschaft in ihrer Gefängniszelle keine Bücher lesen durfte, empfand sie als besonders unverständlich und machte sie untröstlich.

Ihre dritte große Liebe galt der Natur, die Cato mit ihrem Heimatort Fischerhude verband. Fischerhude blieb der Gegenpol zu ihrem Fernweh. Die Moor- und Heidelandschaft, die überschwemmten Wiesen, die Krähen, die im Herbst und Winter ihr Elternhaus in der Bredenau umschwärmten – diese Bilder hatte sie tief in sich aufgenommen; auch sie gaben ihr während der langen Haft in drei verschiedenen Berliner Gefängnissen Halt.

Catos Leben war geprägt von ihrer Familie und deren großem Freundes- und Bekanntenkreis. Ihr Onkel war der

Abb.: Cato lesend, 1941

bekannte Landschaftsmaler Otto Modersohn. Zu den häufigen Gästen in ihrem Elternhaus gehörte der Graphiker und Maler Heinrich Vogeler. Der spätere deutsche Bundeskanzler Helmut Schmidt, vor dem Krieg als Soldat in Bremen-Vegesack stationiert, war ebenfalls oft Gast in Fischerhude. Weil sein Taschengeld für die Heimfahrt am Wochenende zu den Eltern in Hamburg nicht reichte, quartierte er sich bei Haina und Fritz Schmidt, Catos Tante und Onkel, ein und besuchte Olga Bontjes van Beek, deren Malerei ihn interessierte. Daraus entstand eine lebenslange Freundschaft, die Schmidt auch auf die nur zwei Jahre jüngere Cato übertrug. Was Fischerhude ihm im Laufe der Zeit bedeutete, schrieb er kurz nach dem Tod von Olga am 14. Februar 1995 in einem Brief an die Familie:

»Und Fischerhude war meine seelische Heimat. Es genügte zu wissen: dahinten, im flachen Land irgendwo liegt Fischerhude. Das war im Kriege so und auch später, wenn ich jede Woche mit dem Flugzeug zwischen Bonn und Hamburg hin und her gependelt bin. Ich hab' immer aus dem Flugzeugfenster geschaut und nach der Wümme gesucht – und war glücklich, die Wümmewiesen und Fischerhude zu finden.«[2]

Rote Kapelle

Zum Widerstandskreis *Rote Kapelle* in Berlin stieß Cato im September 1941. Durch Libertas Schulze-Boysen, die Frau des Luftwaffenoffiziers Harro Schulze-Boysen – er war der Kopf der Gruppe – kam sie in Kontakt mit NS-Gegnern. Mit

2 Kondolenzbrief an die Familie Bontjes van Beek, 14. Februar 1995, Archiv Saskia Bontjes van Beek.

Abb.: Helmut Schmidt mit Olgi (Tochter von Fritz und Haina Schmidt), 1939 über 140 Anhängern war die *Rote Kapelle* eine der größten Widerstandsgruppen in Deutschland und hatte zugleich den höchsten Frauenanteil. Zusammen mit ihrem Freund, dem Lyriker Heinz Strelow, beteiligte Cato sich an der Herstellung von Flugblättern, die sich gegen den Krieg und den NS-Terror richteten.

Ein von der deutschen Abwehr entschlüsselter Funkspruch aus Moskau versetzte die Gestapo in die Lage, die *Rote Kapelle* zu zerschlagen. In einer Serie von Prozessen wurde annähernd die Hälfte ihrer Anhänger zum Tode verurteilt und hingerichtet.

In den fast zehn Monaten, die Cato vor ihrer Ermordung in Berlin-Plötzensee am 5. August 1943 als Gefangene in drei Berliner Haftanstalten verbrachte, entwickelte sie einen geistigen Widerstand, der sie zu einem zeitlosen Vorbild macht für Mut, Unbeugsamkeit und Auflehnung gegen ein verbrecherisches Regime, ein Vorbild, das heute vor allem auch junge Menschen ansprechen kann. »Ihr redet alle nur, aber keiner tut etwas«, entgegnete sie Hans Schultze-Ritter, ihrem Onkel, als dieser sie darauf ansprach, in welche Gefahr sie sich mit ihrer Gegnerschaft zum Hitler-Regime begebe.

Catos Briefe und Kassiber aus der Haft gehören zu den eindrucksvollsten Zeugnissen einer politischen Gefangenen während der NS-Zeit. Sie verdeutlichen ihre Triebfedern: die Liebe zu Mensch und Natur und der Hunger nach Erkenntnis. Dass sie den Weg in den Widerstand aufrecht und ungebrochen bis zum Schafott gegangen ist, lag an dem geistigen Fundament, auf dem sie sich bis zuletzt sicher bewegte.

ERSTES KAPITEL

»Ich habe immer noch eine wunderbare Zeit in England«

Au-pair als Abenteuer – wie Cato die Engländer für sich einnimmt

Abb.: Cato mit englischer Gastfamilie, Mr & Mrs Beesley, Enid und Pat, 1937

Möve im Flug

Ihr lieben Alle!
Gruß von Deck.

O.C.C.
T. 36

Fräulein Mama Bartjes v. B.
Mama Schmidt
Herrn Jan Bartjes v. B.
Fischerhude
bei Bremen

Prop.: W. BUSH.

Telephone ~~3090.~~ 3960

OLD GATE'S HOTEL

SOUTHAMPTON CENTRAL

Ihr lieben Alle!

Nun bin ich glücklich in Southhampton
[an]gekommen. Glatt gelandet!!! Es war wirklich ein[e]
[h]errliche Seefahrt. Die Verpflegung an Bord 1a.
Schade, daß nun der Seespaß zu Ende ist. In
meine Kabine ist ... mehr hinein=
genommen, ganz allein ...
noch den Kopf waschen ...
mit dem Friseur in d...
sagte, ich hatte meine ...
geflochten und ich sa...
er, er wußte doch ...
sagte ich, ich wußte ...
Na ja Quatsch ...
im Old Geate's Ho...
„Europa" sehen und ...
fahren sehen. Mama was meinst ... erinnern der ...
Dich noch an den einen Mann ...
den Koffern stand und Du sagtest, das wäre ein
... Er war ein Inder und hies

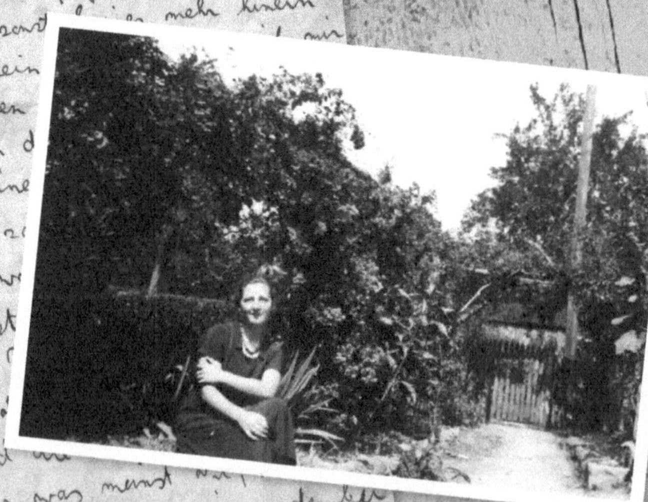

Von Januar bis August 1937 hielt sich Cato Bontjes van Beek als Au-pair in England auf. Den Aufenthalt hatte Catos Tante Amelie Breling vermittelt. Die Bildhauerin besaß noch aus der Zeit, als sie in der internationalen Friedensbewegung aktiv gewesen war, Verbindungen nach Großbritannien. Nach dem Schulbesuch in Amsterdam war dies Catos zweiter Auslandsaufenthalt. Sie erlernte die englische Sprache, sie machte die Bekanntschaft verschiedenster Menschen, durfte zum ersten Mal fliegen – und sie verliebte sich.

Am 15. Januar 1937 fuhr sie mit dem Zug von Bremen nach Bremerhaven und von dort mit der »MS Europa« zum südenglischen Hafen Southampton. Die Nacht vor ihrer Weiterfahrt mit dem Zug von Southampton nach Cheltenham in Südwestengland, wo ihre Gasteltern sie abholten, verbrachte Cato im Old Gates Hotel der Hafenmetropole. Von dort richtete sie ihren ersten Brief an die nächsten Angehörigen in Fischerhude.

Southampton Central, 16. Januar 1937

Ihr lieben Alle!
Nun bin ich glücklich in Southampton angekommen. Glatt gelandet!!! Es war wirklich eine herrliche Seefahrt. Die Verpflegung an Bord 1 a. Schade, dass nun der Seespaß zu Ende ist. In meine Kabine ist sonst niemand mehr hereingekommen, ganz allein. Gestern habe ich mir noch den Kopf waschen lassen und dabei mich mit dem Friseur in die Haare bekommen. Er sagte,

Abb. oben: Cato, 1937; Abb rechts: Postkarte »Möve im Flug«; Abb. links unten: Catos erster Brief aus England; Abb. unten: Cato im Garten in Winchcombe, 1937

ich hätte meine Haare mit 3 Strängen geflochten, und ich sagte, nein, mit 2. Da sagte er, er wüsste doch, was er aufgemacht habe, und da sagte ich, ich wüsste, was ich immer flechte.
Na ja, Quatsch. Ich sitze hier gerade am Fenster im Old Gate's Hotel und vor mir kann ich die »Europa« sehen und die komischen englischen Züge.
(...)
Soeben höre ich das erste englische Flugzeug brummen. Vielleicht war es auch ein deutsches. Hier im Hotel ist viel Kitsch. Wisst Ihr, Girlanden, rote, grüne, blaue und geflochtene und durch die Zimmer gespannt. Eben komme ich dahinter, dass es alles falsche Blumen sind, die hier stehen. Neben mir prasselt das Feuer im Kamin. Die Wirtin ist anscheinend eine ganz nette, liebenswürdige alte Dame. Die ersten Eindrücke von der englischen Bevölkerung waren sehr gut. Es fing schon mit dem Passkontrolleur an, der auf Deck war. Keiner mit Schnauzer und Humpelbein, ein richtiger Gentleman. Und dann kam ein Gepäckträger, der ganz famos war...
Grüße und Küsse an Alle, Eure Dodo[3]

Bevorzugte Briefpartner waren neben ihren nächsten Verwandten in Fischerhude und Berlin auch ihre beiden Cousins Ulrich und Christian Modersohn, die Söhne ihrer Tante Louise Modersohn, geborene Breling. Sie war die dritte Ehefrau des bekannten Landschaftsmalers Otto Modersohn und eine von insgesamt sechs Töchtern von Amalie und Heinrich Breling. Ulrich und Christian Modersohn waren ebenfalls Maler.

3 »Dodo« war gewissermaßen Catos zweiter Vorname. Fast alle Mitglieder im Kreis der verwandtschaftlich eng verbundenen Familien Breling, Bontjes van Beek und Modersohn besaßen solche besonderen Kosenamen, was die Orientierung in diesem Künstler-Clan manchmal etwas erschwert.

Winchcombe[4]
c/o Beesley

Lieber Ulrich, lieber Christian!
Viele Grüße sende ich Euch aus England! Wie geht es Euch? Was macht die Malerei? Es gefällt mir hier ausgezeichnet. Ich habe bis jetzt noch keine Lust zum Abdampfen gespürt, auch wenn ich mich auf die Schifffahrt nach Hause wohl freue. So eine Dampferfahrt ist doch etwas Schönes!
Die Landschaft ist sehr malerisch, wenn sie auch ganz und gar anders ist wie die Fischerhuder Landschaft. Gestern hat es zum ersten Male seit langer, langer Zeit geschneit. Schön sieht die Landschaft im Schnee aus. Besonders gut gefallen mir die Häuser hier. Sie sind alle nicht mit den ollen Backsteinen gebaut, sondern aus Naturstein, den man in den Hills schlägt…
Am letzten Montag sah ich hier einem Hundsmeeting zu. Das ist ein Zusammentreffen vieler Reiter und -innen und besonders vielen Hunden. Das Zusammentreffen war in Winchcombe. Von dort gehen sie alle auf die Fuchsjagd. Füchse gibt es hier sehr viele. Damit die Füchse keine Übermacht bekommen, werden von Zeit zu Zeit Fuchsjagden veranstaltet. Die Hunde machen aber eigentlich die Arbeit. Die Reiter spornen die Hunde an. Ich sah den Fuchs für einen Moment am Waldesrand. Ich bin der Jagdgesellschaft nämlich mit dem Rade gefolgt. Die Hunde bekamen den Fuchs nicht. Gott sei Dank, er war ihnen zu schlau.
(…)
Von Kunst habe ich bis jetzt noch nichts gesehen. Man hat scheinbar gar kein Verständnis dafür. Die Bilder, die hier im Hause hängen, sind alle zum Weglaufen, auch in den anderen Häusern, in denen ich bis jetzt war. Viele Bilder habe ich in meinem Zimmer schon abgehängt. Ich möchte ja noch viel mehr abhängen, aber das geht nicht.
Habt Ihr wieder stramm gemalt? Ich bin gespannt, wie sich

4 Ohne Datum, wahrscheinlich Februar 1937.

Eure Bildwerke verändert haben, wenn ich zurück komme... Wie sieht es nun in Fischerhude aus? Immer noch so starkes Hochwasser? Gestern hat es auch ein wenig gefroren, aber nur sehr karge. Heute Abend werde ich Badminton spielen. Es ist so ähnlich wie Tennis. Es macht mir riesige Freude. Ein so ganz dicker Herr, Sydny sein Name, spielt auch mit. Über den kann ich mich totlachen. Er erwischt nur die Bälle, die in Racketnähe sind. Laufen kann er vor Dickheit fast nicht. Wenn er die Bälle nicht erwischt, was er fast immer tut, stößt er ein ganz komisches Gelächter aus, sodass man selbst auch mitlachen muss. Wenn er mich dann lachen sieht, kommt er selber nicht mehr aus dem Lachen heraus und schon lässt er wieder einen Ball fallen.
(...)
Seid alle beide vielmals gegrüßt, ein Händedruck!
Eure Dodo

Besonders häufig schrieb Cato an ihre Mutter Olga, ihren Vater Jan und ihre Tante Amelie, die im Haus in der Bredenau in Fischerhude mit ihrem Vater Jan eine Töpferei aufgebaut hatte, die sie allein weiter betrieb, als Jan 1933 nach seiner Scheidung von Olga Bontjes van Beek nach Berlin gegangen war, um sich dort eine neue Existenz aufzubauen.

Als Au-pair war es eigentlich Catos Aufgabe, Staub zu wischen, Wäsche zu waschen und die Wohnung der Beesleys in Ordnung zu halten. Doch die Gasteltern fanden schnell heraus, dass die junge Deutsche ein ungewöhnlicher Mensch war – kulturell und künstlerisch interessiert, aufgeschlossen für typisch englische Freizeitaktivitäten wie Badminton oder Kricket und in jeder Hinsicht umgänglich, freundlich und kontaktfreudig. Neben ihren vielen Aktivitäten – Haushalt, Kino- und Theaterbesuche usw. – gab es häufig Fahrten ins Umland und Treffen mit der stetig wachsenden Zahl von Bekannten. Auch eine typische englische Fuchsjagd erlebte Cato.

Winchcombe, 20. Februar 1937

Meine Liebe Mama!

(...)

Am letzten Donnerstag war ich in Cheltenham. Ich ging mit Pat[5] *in ihre Schule und blieb dort den ganzen Tag. Ich konnte in alle Klassen gehen, während des Unterrichts, und ich kam mir vor wie ein Schulrat.*

In den Pausen ging ich auf den Schulhof. Sofort kamen Kinder auf mich losgestürmt. Zwei fassten mich bei den Händen an, andere stießen die weg. ...

In der Mittagspause gab ich eine deutsche Stunde einer anderen Lehrerin. Am Nachmittag hatten die anderen Kinder die letzte Stunde Lesen. Pat frug mich, ob ich auch lesen wollte. Selbstverständlich. Nun lasen mir die Kinder vor und ich wie-

5 Pat Beesley war Lehrerin an einer Schule in der Stadt Cheltenham.

Abb.: Tim, Annita Otterstedt, Mietje, Olga, Cato, 1938

derholte es. Ich habe mich nur einmal blamiert. Was unter großem Gelächter der Kinder ablief.
Zum Schluss der Stunde sagte Pat: »Good afternoon children« »Good afternoon Mrs. Beesley« »Good afternoon children«, sagte ich. »Good afternoon Miss Cato« riefen dann die Kinder.
Am nächsten Tag sagte mir Pat, die Kinder hätten gefragt: »When will the German lady come again?«
(…)
Mama, schön wäre es, wenn Du hier wärest. Ich glaube, Du könntest hier auch sehr gut malen. Neulich sah ich eine Stimmung wie das Bild von Manet's »Novemberabend« in Berlin. Ganz herrlich war es. Du musst unbedingt auch herkommen… Grüße alle anderen vielmals von mir! Ein festes Busserl Deine Dodo

Die politische Situation in Deutschland, wo seit 1933 die Nationalsozialisten an der Macht waren und Adolf Hitler die von ihm errichtete Diktatur immer weiter gefestigt hatte, kommt in den Briefen nicht vor. Ob darüber in der Familie Beesley überhaupt gesprochen wurde, ist im Nachhinein nicht feststellbar.

Sonnabend, den 6. März 1937

Liebe Annita,[6]
Du musst mich viel, vielmals entschuldigen, dass ich Dir nun erst schreibe und Dir erst jetzt danke für Deinen lieben Brief. Ich hatte aber in den letzten Wochen und besonders in den letzten

6 Annita Otterstedt aus Fischerhude, mit der Cato eine enge Freundschaft verband. In ihren Briefen ließen sie ihrer Fantasie freien Lauf: sie unternahmen Weltreisen, schlüpften in die Rollen von Erwachsenen, bestanden Abenteuer jenseits von Raum und Zeit.

Tagen sehr viel zu tun und es gab viele aufregende Momente. Ich kämpfe nun nämlich darum, dass ich hier bleiben kann. Das englische Home Office will mich nur zwei Monate hier haben und die sind in ein paar Tagen abgelaufen. Wir unternehmen nun alles Mögliche. Heute Abend gehe ich in den deutschen Club in Cheltenham. Dort kommt ein ganz hohes Biest, so ein Bonze aus London. Dem werde ich vorgestellt und dann muss ich dem meine Situation erzählen. Der kann mir dann sehr wahrscheinlich helfen. Wir wollen das Beste hoffen.
Man sagte mir schon, wenn ich weggehen muss, werden viele Leute weinen. Ich meinte, gar so schlimm wird es denn doch nicht sein. Ich habe mir in den zwei Monaten viele Freunde unter den englischen Leuten erworben. Ich weiß nicht, was das ist, aber wo ich hingehe, muss ich die Leute zum Lachen zwingen. Sogar hier in England ist es so und zwar ganz schlimm. Wo ich hingehe und erzähle, lacht man.
Wie geht es nun Dir und Deiner ganzen Familie? Ich hoffe, es geht allen gut! In der letzten Woche sah ich einen guten Film. Getitelt »Show Boat« mit Irene Dunne[7], Allan Jones[8] und dem Negerschauspieler Paul Robeson[9]. Diesen Paul Robeson hatte ich schon gesehen in »Sanders in the River«. Ich schrieb Dir doch davon. Er ist ganz famos und hat eine herrliche Stimme. Ich habe noch nie jemanden so schön singen gehört. Hier

7 Irene Dunne (1898-1990), amerikanische Schauspielerin, zählte in den 1930er-Jahren zu den großen Hollywood-Stars.

8 Allan Jones (1907-1992), amerikanischer Sänger und Schauspieler.

9 Paul Robeson (1898-1976), war in den 1930er-Jahren zum Idol von Millionen Jugendlichen geworden. Er war nicht nur ein gefeierter Sänger und Schauspieler, er war auch einer der ersten schwarzen Rechtsanwälte in den USA. Robeson setzte sich für die Rechte der Afroamerikaner ein und inspirierte u. a. Harry Belafonte, der sich als Sänger und Schauspieler ebenfalls in der Bürgerrechtsbewegung engagierte.

schwärmt jeder für Richard Tauber[10], während ich mir ja nun gar nichts aus dem mache...
Grüße Deine Eltern und Aenne. Es grüßt und küsst Dich Deine Dodo

Der Aufenthalt von Cato Bontjes van Beek wurde vom britischen Innenministerium finanziert und wäre eigentlich schon nach zwei Monaten zu Ende gewesen. Doch Cato wollte unbedingt länger bleiben, einfach, weil es ihr so gut gefiel und sie die Sprache noch besser beherrschen wollte. Die Behörde lenkte ein und stimmte einer Verlängerung zu, und zwar unter der Voraussetzung, dass einer ihrer Angehörigen monatlich zehn deutsche Reichsmark für sie einzahlte. Dazu erklärte sich ihr Vater schließlich bereit.

Winchcombe, 24. März 1937

Meine liebe Meme![11]
Heute ist Mittwoch und am Freitag kam Dein lieber Brief. Es war aber auch höchste Zeit, dass Du etwas mit Hals und Beinbruch von Dir hören ließest! Das wunderbare »Wie geht es Dir?« konntest Du Dir nun aber doch nicht verkneifen, nicht wahr? ... Fast jeden Sonntag machen wir eine kleine Tour. Erst mit dem Auto und dann zu Fuß. Sonntag machten wir einen ganz besonders schönen Spaziergang. Wir wanderten bergauf und

10 Richard Tauber (1891-1948) österreichischer Opernsänger. Seine Karriere begann im Theater Chemnitz. Die Presse bejubelte ihn als »König des Belcanto«. Sein Tenor löste in den Konzertsälen immer wieder Begeisterungsstürme aus. Tauber, von den Nazis verfolgt – seine Großeltern väterlicherseits waren Juden –, floh 1938 nach Großbritannien, wo er während des Krieges vor englischen Truppen auftrat und 1940 die britische Staatsbürgerschaft annahm.

11 Mietje Bontjes van Beek, genannt Meme, Schwester von Cato.

bergab. Schließlich gelangten wir an ein altes Römer-Grab. Aus der Zeit, als die Römer in England waren. Pat erzählte mir, vor zehn Jahren hätten sie dort gespielt und sie hätten in das Grab gehen können. Dort hätten sie dann Steinmesser- und -Beile gefunden, auch Skelette. Dann kamen Leute vom British Museum und haben das Grab ausgeräumt, sachkundig, einen Stein vor die Öffnung gewälzt, mit Zutritt verboten.[12]

(...)

Mister Beesley sagt mir gerade, ich soll Euch allen seine besten Grüße geben. Gestern Abend war ich mit einer Bekannten in einer Methodisten-Kirche. Die gefällt mir ganz gut. Wir sangen u. a. »O Haupt voll Blut und Wunden«. Ich sang es auf Deutsch. Nachher sprach ich mit dem Pastor noch. Er war ganz nett, aber doch etwas überkandidelt, wie ja fast jeder Pastor ist. Sonntagmorgen war ich auch dort. Es war ein anderer Pastor. Mit ihm sprach ich auch und er gefiel mir besser.

(...)

Gerade sehe ich zwei Flugzeuge, wie zwei silberne Vögel, von der Sonne beschienen, am Himmel. In den letzten zwei Wochen haben sich verschiedene fliegerische Ereignisse eingestellt. Hast Du vielleicht den Namen Amelia Earhart[13] *gehört? Sie ist eine amerikanische Fliegerin. Sie ist auch die erste Frau, die über den Ozean*[14] *geflogen ist. Ich kann mich noch gut erinnern, es*

12 Die Eroberung der britischen Insel durch die Römer begann schon ein halbes Jahrhundert vor der Zeitwende mit den Feldzügen von Gajus Julius Cäsar. Besonders im Süden und Südwesten, also dort, wo Cato zusammen mit ihren Gasteltern das römische Grab entdeckte, hinterließen die römischen Legionen manche Spuren.

13 Amelia Earhart (1897-1937), amerikanische Flugpionierin, die im Juni 1928 als erste Frau nonstop den Atlantik überquert hatte. Bei ihrem Vorhaben einer Erdumrundung meldete sie am 1. Juni 1937 – Earhart hatte bereits den größten Teil der Strecke hinter sich – über Funk, dass der Treibstoff knapp werde. Kurz darauf muss die Maschine ins Meer gestürzt sein.

14 Gemeint ist der Atlantik.

war damals, wie ich in Amsterdam war (1932). Amelia Earhart bekam damals den Namen »Lady Lindy«. Von Lindbergh her, der ja bekanntlich als erster Mann den Ozean bezwang. Amelia Earhart startete einen neuen Flug, und zwar einen Weltflug von 27.000 Meilen.

Mit ihrer ersten Etappe Oakland Kalifornien über den Pazifik nach Honolulu schaffte sie eine Rekord-Flugstrecke von 2.410 englischen Meilen. In Honolulu startete sie weiter nach Port Darwin, Australien. Wie sie startete, kam ihre Maschine herunter. Bruch!!! Ihr ist nichts geschehen. Aber wie viele Monate Arbeit mit einem Schlag entzwei. Sie sagte, sie will im Sommer einen neuen Flug und zwar auch rund um die Welt.

(...) Hals- und Beinbruch,
Deine Dodo

Birmingham, den 21. April 1937

Meine liebe Meme!
(...)
In vier Stunden fahre ich wieder nach Winchcombe. Ausgebrannt bin ich bis auf den letzten Penny für meine Straßenbahnfahrt. Wenn ich dann im Coupé sitze, habe ich keinen einzigen Penny mehr. Das macht aber nichts. – In der letzten Zeit bin ich oft ins Kino und Theater gegangen. Dorothy und Ethel[15] haben mich immer mitgenommen. Es waren aber auch ausgerechnet nur so gute Stücke. Z. B. sah ich Romeo u. Juliet

15 Dorothy und Ethel sind Freundinnen der Gastfamilie.

Abb.: Amelia Earhart, undatiert

als Film[16]. Es war ein ganz famoser und guter Film, wenn ich die Juliet auch nicht gern mochte, denn die Norma Shearer war nicht besonders. Montag sah ich ein Theaterstück, genannt »Six men of Dorset«[17]. Das war ganz ausgezeichnet. Dienstag sah ich ein anderes Theaterstück, genannt »Murder in the Cathedral«[18], Mord (MORD!!) in der Kathedrale.

Leider konnte ich davon nicht viel verstehen, weil es in Poesie war. Es war wunderbar gespielt, gefiel mir aber nicht so gut wie »Six men of Dorset«. Gestern war ich von vormittags bis abends bei einer Deutschen, die einen Engländer geheiratet hat. Es gefiel mir bei ihr sehr gut, wenn sie manchmal auch ein paar sentimentale Schauer hatte. Sie hat einen sehr guten literarischen Geschmack. Viele Inselbücher, mit Werken von Rilke. Die Werke von Lao-Tse[19] sah ich dort auch. Wir führten für mich sehr interessante Gespräche. Es ist doch mal eine Erholung, wenn man sich einmal so richtig auf Deutsch ausquasseln kann und nicht immer das englische Gestümpere.

(...)

Ich habe sehr interessante Bücher gelesen bei Ethel, sie hatte so verschiedene Zeitschriften über Länder von der ganzen Welt. Ich las verschiedene Artikel über mein interessantestes Gebiet, die Mongolei und besonders Tibet... Nun habe ich auch eine

16 Das amerikanische Filmdrama »Romeo and Juliet« wurde 1936 uraufgeführt. Als Vorlage diente das gleichnamige Theaterstück von William Shakespeare.

17 Das Theaterstück »Six men of Dorset« von Miles Malleson und Harry Brooks spielt in der Frühzeit der englischen Arbeiterbewegung. Landarbeiter in West Dorset bilden 1834 eine Gewerkschaft. Sechs ihrer Anführer werden unter fadenscheinigen Anschuldigungen zu mehrjähriger Verbannung verurteilt. Nach einer Protestwelle in ganz England werden die Arbeiter begnadigt.

18 »Murder in the Cathedral«, Drama von T. S. Eliot. Es handelt von der Ermordung von Thomas Becket, Erzbischof von Canterbury, durch König Heinrich II.

19 Lao-Tse, chinesischer Philosoph, 6. Jhd. v. Chr.

ziemlich große Landkarte von der Antarktis, mit allen Entdeckungsfahrten drauf angezeichnet. Es ist schön, wenn wir diese Karte in unserem Zimmer haben und noch mehr von Tibet wäre auch schön und China. Ich interessiere mich nun auch sehr für China, das kommt, weil ich den Lao-Tse so sehr liebe.
(...)
Winchcombe, einen Tag später
Diese Deutsche, die hier ist, lernt in der Töpferei in Winchcombe. Sie war Schauspielerin und lernt nun Töpferei und bildhauert auch selbst. Ich habe sie heute in ihrer Bude besucht. Sie scheint an sich ja ganz nett zu sein, nur die Zeichnungen an der Wand, die sicher von ihr stammten, gefielen mir gar nicht und sahen nach gar keinem Können aus, auch nicht die paar kleinen Plastiken. Aber sonst scheint sie ein ganz netter und humorvoller Mensch zu sein, denn wir haben sehr viel gelacht und Witze fabriziert, so wie wir beide immer...
(...) Einen festen Kuß,
Deine Hals und Bein brechende Dodo

Cato interessierte sich sehr für eines der Bücher, die heute noch in ihrem Elternhaus in Fischerhude im Regal stehen: »Milaraspa«, tibetanische Texte in Auswahl, übertragen von Berthold Laufer, 1922, Folkwang-Verlag GmbH, Hagen i. W. und Darmstadt. Dieses Buch hatte Cato ihrer Tante Louise Modersohn zu Weihnachten 1939 gewidmet, die den Band bei Kriegsende wiederum Catos Schwester Mietje übergab, mit der Widmung: *Meiner lieben Meme zur Erinnerung an die denkwürdigen Tage des Kriegsendes auf dem Gailenberg und des Kriegsbeginns am Geburtstag im stillen Gedenken an unsere unvergessliche unsterbliche Cato von ihrer Lolo. Gailenberg, am Sonntag, d. 6. Mai 1945.* Und dann fügte die von Cato so geliebte Lolo den Satz aus der Bibel hinzu: *Was ihr den Vater bitten werdet in meinem Namen, das will ich tun.*

Catos Kunstverständnis war durch ihre Umgebung in Fischerhude geprägt. Malerinnen wie ihre Mutter Olga, ihre Tante, die Bildhauerin Amelie Breling, ihr Vater Jan, der Keramiker, ihr berühmter Onkel Otto Modersohn und viele andere Kunstschaffende in Fischerhude und im benachbarten Worpswede hatten ein Niveau erreicht, das weit über Nordwestdeutschland hinaus Anerkennung fand. Was Cato dagegen in England an Zeichnungen, Gemälde, Plastiken und Keramik sah, konnte vor ihrem kritischen Auge nicht bestehen. Sie wäre selbst gern Malerin geworden – das war einer ihrer vielen Berufswünsche –, aber sie spürte, dass ihr Talent dafür nicht ausreichte.

Im Frühjahr 1937 rückte ein Ereignis in den Blickpunkt der Engländer: die Krönung von Georg VI., der am 12. Mai 1937 in Westminster Abbey in sein hohes Amt eingeführt wurde. König Georg VI. hatte bereits im Dezember 1936 die Nachfolge von Eduard VIII. angetreten, der wegen seiner Ehe mit der zwei Mal geschiedenen Amerikanerin Wallis Simpson auf die Königskrone verzichtet hatte. Die Regentschaft seines Nachfolgers stand unter schwierigen Vorzeichen, weil Georg VI. stotterte. Die Sprechbehinderung konnte jedoch durch ärztliche Behandlung teilweise behoben werden.

Die Krönungsfeierlichkeiten erlebte Cato dann tatsächlich vor Ort. Zwei Tage war sie mit einem Bus unterwegs, sah Windsor Castle, dann Westminster Abbey und schließlich den Buckingham Palace.

Winchcombe, 6. Mai 1937

Meine liebe Annita,
(...)
Wie geht es Dir und Deiner ganzen Familie? Es ist nun wohl eine sehr schöne Zeit in Fischerhude, ja? Hier ist es auch sehr schön und ganz Frühling. Sehr schöne Wälder, Laubwälder,

gibt es hier. In ihnen stehen nun viele Blumen. Wilde Primeln und Veilchen.
(...)
Ganz England steht unter dem Eindruck der bevorstehenden Krönung. Winchcombe ist mit Flaggen geschmückt und in den Geschäften prangt das Königsbild. Ich möchte gerne nach London fahren, um die ganze Zeremonie zu sehen. Ich möchte aber einen gepolsterten Stuhl zu des Königs Rechten haben... Augenblicklich sind die Zeitungen voll von King Edward oder the Duke of Windsor und Mrs. Simpson. Sie wollen gleich nach der Krönung heiraten. Ich verstehe nicht, warum man solch ein Getüte macht, lasst sie doch heiraten, wenn sie glücklich sind. Das englische Volk wollte sie nicht als Königin haben, weil sie zweimal geschieden ist.
(...)
Augenblicklich bin ich so ganz alleine in dem so großen Hause. Aber bange machen gilt nicht. Ich habe etwas Kopfschmerzen, was bei mir ja selten vorkommt. Ich hatte in den letzten Nächten sehr unruhigen Schlaf. Mir träumte immer von Räubern und Mördern und immer schoss ich mit einem Revolver, den ich so ganz zufällig an meinem Gürtel fand. ...
Viele Grüße und ein Kuss, Deine Dodo

Am 30. Mai 1937 ging für Cato in der Stadt Gloucester im Südwesten Englands ein Traum in Erfüllung: Zum ersten Mal durfte sie an Bord eines Segelflugzeuges durch die Lüfte schweben. An diesem besonderen Tag im Mai stand sie, wie sie in ihrem Tagebuch vermerkt, um acht Uhr auf und fuhr nach dem Frühstück mit ihren Gasteltern Pat und Alan Beesley mit dem Auto zum Segelflugplatz.

Ihr Gastvater hatte ihr versprochen, während ihres Aufenthalts in England dürfe sie einmal richtig fliegen, und nun hielt er Wort. Auf der Flugpiste begann das langersehnte Abenteuer. Das Wetter war günstig. Ausnahmsweise regnete es

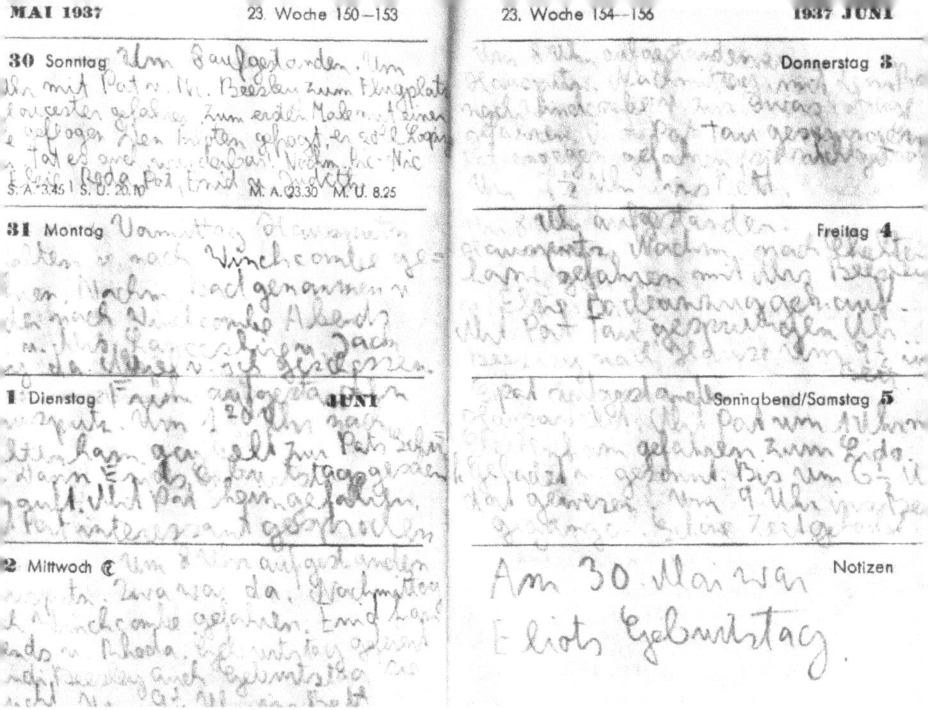
MAI 1937 23. Woche 150–153
23. Woche 154–156 1937 JUNI
30 Sonntag
S. A. 3.45 S. U. 20.10 M. A. 23.30 M. U. 8.25
31 Montag
1 Dienstag JUNI
2 Mittwoch
Donnerstag 3
Freitag 4
Sonnabend/Samstag 5
Notizen
Am 30. Mai war Eliots Geburtstag.

nicht, und es gab genügend Auftrieb, sodass die Segelflugzeuge sich lange in der Luft hielten.

Das Fliegen war schon immer Catos große Leidenschaft gewesen. Alles, was sich in der Luft bewegte, riss sie mit und faszinierte sie. Schon als Kind hatte sie in einer Sandkuhle hinter dem Elternhaus Flugzeuge modelliert und sich mit einem Stock in der Hand ins »Cockpit« gesetzt. Sobald sie über sich ein Motorengeräusch vernahm, rannte sie los, war nicht mehr zu halten und folgte dem Flieger sehnsüchtig, bis die Maschine am Horizont verschwand.

Winchcombe, 8. Juni 1937

Lieber alter Jan u. liebe Rali![20]
Lange habt Ihr nichts mehr von mir gehört und noch länger habe ich nichts mehr von Euch gehört. Ich denke aber, es geht allen gut! Ich habe immer noch eine wunderbare Zeit und denke gar nicht dran, wieder zu schnell abzuhauen, aber das Ende kommt mit Riesenschritten. –

20 Rahel Bontjes van Beek, die zweite Frau von Jan Bontjes van Beek.

Abb.: Catos Tagebucheinträge in England vom 30.05.-05.06.1937

Am letzten Sonntag vor acht Tagen war ich zum ersten Mal im Leben in der Luft. Junge, Junge, das war schön!
Mister Beesley fuhr Pat und mich zum nächsten Flugplatz. Dort rin in eine Kiste. Zum Glück waren nur Sportflugzeuge da. Ich sagte dem Piloten, er solle mit mir ein Looping schießen. Erst sagte er nichts, wie ich dann in der Kiste saß und er mich anschnallte, frug ich noch mal und da sagte er ja. Er tat es auch. Das war das Schönste am ganzen Flug. Ich saß vorne im Flugzeug und der Pilot hinten. Es kam ein großer Windstoß: ein Druck, mein Kopf beugte sich und wie ich ihn aufzog, sah ich die Erde über mir. Ich kann gar nicht verstehen, dass Leuten, wenn sie im Flugzeug sitzen, kotzige Gedanken kommen. Mir war es vom Start bis zur Landung nicht danach zumute. Nur wenn wir stiegen, zog es im Magen, aber das ist ein ganz interessantes Gefühl. Na, fliegen lernen werde ich doch noch, mag kommen was will.
(...)
Mein Englisch macht große Fortschritte. Wenn man ganz schnell zu mir spricht, dor geit mi nix vorbi, alles kann ich verstehen. Pat kommt im Sommer nicht nach Fischerhude, sie will sich ein Auto kaufen und Geld sparen. Aber wahrscheinlich kommt Mr. Beesley. Ist Nelly[21] *noch in Berlin? Ich möchte nämlich gern über Amsterdam fahren. Es kostet nicht mehr. Aber bis dahin ist noch Zeit. Wir schreiben an das Home Office, ob ich noch länger hier sein kann. Wenn nicht, so müssen wir schon bald buchen, denn sonst bekommen wir keinen Platz mehr.*
Schreibt bald wieder! Es grüßt und küsst, Eure Dodo
Juni-Geld habe ich noch nicht erhalten! – Für Mai vielen Dank! –

---

21 Nelly Greve, geb. Bontjes van Beek, Catos Tante aus Amsterdam. Bei ihr hatte sie als Elfjährige gewohnt, dort eine zweisprachige Schule besucht und Niederländisch gelernt.

Winchcombe, den 14. Juni 1937

Meine liebe Meme!

Hab vielen Dank für Deinen letzten Brief. Ich freute mich sehr, mal endlich wieder etwas von Dir zu hören. Du frugst mich, ob ich hier in England viel lese, ja, ich lese sehr viel hier, verstehen kann ich es nämlich auch ziemlich gut. Ich lese ein wissenschaftliches Buch, das alles betrifft, was man sich nur denken kann. Alle Sachen, die auf der Welt existieren. Z. B. von den Atomen, Elektronen, Elektrizität, Weltgeschichte, Familienleben, Musik, Tanz…

Ein Buch las ich, was ich nachher nicht mehr weiter lesen konnte, ich starb vor Langeweile. Aber es ist ein Buch, das zum guten Ton gehört, jedes gebildete Mädel in England muss es gelesen haben. Es ist 100 Jahre zurück, wie es geschrieben wurde und handelt an sich nur vom Heiraten. Wie bekomme ich einen Mann? Die Mütter zerbrechen sich die Köpfe, wie ihre 17- oder 16-jährigen Töchter so schnell wie möglich verheiratet werden können. Du kannst Dir vorstellen, wenn ich das lese, wie es mir dann zu Mute wird, aber es war die damalige Zeit. Es ist interessant zu sehen, wie sich die Stellung der heutigen Mädchen, verglichen mit der damaligen Zeit, zum Guten verändert hat.

(…)

Ich freue mich schon auf den 27., wo ich ja wieder losfliege in Gloucester. Pat geht mit. Sie sagt, dass sie nicht nochmal aufsteigt, wenn der Pilot wieder dieselbe Route fährt und dasselbe Looping schlägt, sondern nur, wenn er etwas anderes macht, wie Sturzflug, Korkenzieher oder so etwas. Gar nicht so dumm, wenn der das machen würde, wenn nicht, trotzdem steige ich auf. Heute Nachmittag kam ein Flugzeug ganz niedrig über unser Haus geflogen. So niedrig, dass der Pilot … na, wat denn???

Kuß! Hals und Beinbruch!!

Deine Dodo

Dienstag, den 15. Juni 1937

Liebe Meme,
gerade komme ich aus Cheltenham zurück. Ich sah einen Film. Was meinst Du? »Uncas, der letzte Häuptling der Mohikaner«[22]*. Meme, ich wollte, Du und Tim, Ihr hättet ihn gesehen. Du weißt, wie sehr ich das Buch liebte, nun ja, dieser Uncas im Film*[23] *war gerade so schön. Ich muss immer noch daran denken. Nur Cora*[24] *gefiel mir nicht sehr gut. Falkenauge und der andere große Indianer war sehr schön. Die Indianer sind doch noch die Besten. Jedes Mal wenn ich solch einen Film sehe, fluche ich auf die weiße Rasse, da die ja einen solchen großen Schaden an den Indianern angerichtet haben. Mein Junge soll ganz bestimmt Uncas heißen!*
Hals- und Beinbruch Cato!

Ein Name tauchte in Catos Briefen nicht auf, obwohl er während ihres Englandaufenthalts eine große Rolle spielte. Dass sie sich verliebt hatte, mochte Cato ihrer Fischerhuder Gesellschaft zunächst nicht aus der Ferne offenbaren. Zu groß war wohl ihre Sorge, das Verhältnis könnte Unverständnis auslösen. Vor allem das Urteil ihrer Mutter Olga bedeutete der Tochter viel.

John Hall, Student der Agrarwissenschaften, war ihre erste große Liebe. Sie traf ihn vermutlich in Gesellschaft

22 Verfilmung von »Der Letzte der Indianer« von James F. Cooper.

23 Phillip Reed (1908-1996), amerikanischer Schauspieler, im Film als Uncas.

24 Heather Angel (1909-1986), britische Schauspielerin, im Film als Cora.

Abb.: Cato und John Hall, 1938

von jungen Leuten aus Winchcombe. Die genauen Umstände ihres Kennenlernens sind nicht bekannt. Catos offene Art, auf Menschen zuzugehen und ein Gespräch zu beginnen, dürfte dabei eine Rolle gespielt haben. Jedenfalls entdeckten beide auf Anhieb eine geistige Verwandtschaft: John interessierte sich ebenso brennend wie Cato für die fernöstliche Philosophie. Darüber tauschten sie sich aus, lasen einander Zitate vor und begaben sich gemeinsam auf eine geistige Entdeckungsreise.

Schon bald nach Catos Rückkehr nach Deutschland Ende August 1937 besuchte John die Familie Bontjes van Beek in Fischerhude. Der junge Engländer hinterließ den allerbesten Eindruck. Wie gut er und Cato sich verstanden, konnte jeder sehen. Beide erklärten, sie seien verlobt: *We are engaged.*

Es waren glückliche und unbeschwerte Tage, die sie im Haus in der Bredenau verlebten, wo noch im Dachgeschoss die Bilder von Catos Großvater Heinrich Breling lagerten, der einst Hofmaler des bayerischen Königs Ludwig II. gewesen war. Er war zum Königlichen Professor an der Münchner Akademie der Künste ernannt worden und nach einigen Jahren als freischaffender Künstler in Hannover 1908 nach

Abb.: Cato und John Hall bei einer Hafenrundfahrt in Hamburg, 20.08.1938

Fischerhude zurückgekehrt, wo er seine Kindheit verbracht hatte.

Anhängern Hitlers begegnete John Hall in Fischerhude zunächst nicht, wohl aber Menschen, die an Kunst, Musik und überhaupt an Kultur interessiert waren. Natürlich gab es im Ort auch Nazis. Aber diese machten eher einen Bogen um die Familie Breling und Bontjes van Beek, ließen sie gewähren, obwohl die Dorfbewohner wussten, dass niemand aus dem Künstler-Clan etwas mit dem NS-Regime zu tun haben wollte.

ZWEITES KAPITEL

»Ich werde doch immer meinen eigenen Weg gehen«

Nach dem Aufenthalt in England: Der Wechsel von Fischerhude nach Berlin

Abb.: Cato mit zwei Kameradinnen der Frauensegelfluggruppe, Berlin 1937-1938

Ärztlicher Untersuchungsbefund:
Nachuntersuchungen des Flugschülers haben mindestens
Monate stattzufinden.
Datum
Befund: „segelflugtauglich" oder „segelfluguntauglich"
Unterschrift des
Cato Bontjes van Beek
(Eigenhändige Unterschrift)
bei Bremen
Straße
1. Der Inhaber dieses Flugbuches hat die Verzichterklärung unterschrieben.
2. Bei Minderjährigen:
Es wird bestätigt, daß die Verzichterklärung des Obengenannten und die Einwilligung der Eltern bzw. des gesetzlichen Vertreters vorliegt:
, den
Stempel:
Tag:
1.12.38
Ihre Zeichen
1499 K
19. 11. 38
B/ B v B
Betr.: Ihr Angebot
Auf Ihr Angebot bezugnehmend, frage ich an, ob
Sie fertige Brennhilfsmittel
nach Mass angefertigt werden
meine Muffel Platten in
52 x 40
Ausserdem gebrauche
von glasierten Wandplatten
Ferner Ständer
Falls Sie einen Katalog
desselben.
Auf Ihre baldige Rückäusserung
mit deutschem Gruss

Nach dem Aufenthalt in England kehrte Cato Ende August 1937 zunächst nach Fischerhude zurück und zog am 25. September nach Berlin, wo sie in der Werkstatt ihres Vaters eine Ausbildung als Keramikerin begann. Keramikerin zu werden und die Lette-Schule zu besuchen, um kaufmännische Fähigkeiten zu erwerben – das entsprach eher einem vorläufigen Entschluss. Gleichzeitig hielt sich Cato andere Optionen offen, zum Beispiel Pilotin zu werden. In der Nähe von Berlin begann sie ihre Segelflugausbildung.

In den folgenden zwei Jahren stürzte die Wirklichkeit so vehement auf Cato ein, dass ihr gar keine andere Wahl blieb, als schnell erwachsen zu werden. Der Ausbruch des Zweiten Weltkrieges am 1. September 1939 änderte fast alles und weckte bei der jungen Frau schlimme Vorahnungen. Und dann musste sie auch noch den obligatorischen Reichsarbeitsdienst ableisten. Was der Krieg bedeutete, das sah sie deutlicher als Millionen von Deutschen voraus.

Berlin-Charlottenburg, den 7. Oktober 1937

Meine liebe Meme,
wie sehr freute ich mich über Deinen lieben Brief. Du sprachst mir so vollkommen aus dem Herzen.
Ja, Meme, es ist so schade alles. Aber trotzdem bin ich seit ein paar Tagen innerlich ruhiger. Ich habe mir die ganzen Sachen überlegt, es geht eben nicht anders. Ich will also doch die Fächer

Abb. oben: Flugbuch von Cato; Abb. links: Cato und Mietje, 1939; Abb. unten links: Geschäftsbrief für die FKK vom 01.12.1938 ; Abb. unten rechts: Cato und Barent, 1938

in der Lette-Schule[25] belegen. Schaden kann es mir nun ja nichts, wenn ich Schreibmaschine und diese ganzen Sachen kann. In etwas muss ich ja Rali auch Recht geben. Sie sagt, wenn ich Gegenvorschläge bringe, so würden sie auch erfüllt. Ich kann aber keine Gegenvorschläge bringen.

Meme, im Grunde genommen, ich werde doch immer meine eigenen Wege gehen. Da kann mir doch keiner etwas wollen. Wenn ich nun Fliegerin werden will, so werde ich es auch. Wenn ich es nicht werden will und Schiethustapeziererin dafür bevorzuge, so werde ich es auch. Ich will mich erst einmal in Berlin umsehen und alles Weitere wird sich dann schon finden.

Von John[26] bekam ich einen ganz famosen Brief. Etwas schrieb er mir: Er hatte es auch einmal vor, Flieger zu werden. Aber wie er soweit war und sich über alles erkundigte, fand er, dass es nicht mehr so ganz romantisch war, wie er es sich zuerst dachte. Er sagt, er denkt auch, dass Fliegen als Zeitvertreib wunderbar sein muss, aber als Beruf es mit der Zeit sehr eintönig werden würde. Eintönig ist nicht das richtige Wort, das er gebrauchte. Dann sagte er auch noch, dass man nur sehr wenig Geld mit der Fliegerei verdienen kann.

Ein mittelmäßiger Flieger will ich auch gar nicht werden. Ich steck es dann gleich ganz auf. Aber trotzdem habe ich Mut bekommen, als der Doktor sagte, wenn ich nicht tauglich für das Fliegen sei, dann sei es keiner. Ob er damit auch das Motorfliegen meint? Er hat mich ja auf alles geprüft. Allerdings nicht auf Nerven. Ob man die weniger gebraucht zum Segelfliegen als zum Motorfliegen??

Du musst nun keinen schlechten Eindruck von John bekommen. Ich glaube es nun ja selbst nicht, dass das Fliegen so romantisch ist, wenn man es lernt.

25 Von einem Verein getragene private Berufsschule, die in erster Linie jungen Frauen den Einstieg ins Berufsleben ermöglichte.

26 John Hall, Verlobter von Cato.

Meme, mir träumte heute Nacht, ich sei in einer Kiste gesessen, sei drauflos geflogen und hätte mit meinem allerersten Flug gleich die A-Prüfung gemacht. Alles war sehr halsbrecherisch und ein paar Mal machte ich ganz dolle S-Kurven...
(...)
Was machen Deine Bremer Stunden? Meme, ich gebe Dir den einen schwesterlichen Rat: Lerne, lerne so viel Du kannst. – Je nachdem, wie mein Stundenplan in der Schule sein wird, bekomme ich noch englische Stunden. Eine habe ich schon mitgemacht, sie gefiel mir sehr gut. Wenn ich einen Nachmittag frei habe, soll ich jungen Schülern von 10-11 Jahren bei den Schularbeiten helfen. Dafür kann ich Englisch bekommen. Das ist dann bei einem Herrn, der die Stunden gibt, englische und französische. Ich muss aber erst mal sehen, wie mein Stundenplan sein wird. Montag fängt die Schule an.
(...)
Heute Nachmittag wollen Rali und ich Einkäufe machen für mich. Papa sagt immer, es ginge nicht mehr so weiter, wie ich angezogen sei, ich müsse unbedingt neue Kleider haben. Sogar will er, dass meine Haare abgeschnitten werden. Da muss ich aber erst noch mit Mama drüber sprechen, habe ich ihm gesagt.
Meme, für heute Schluss!
Hals- und Beinbruch
Deine Cato

Diesen Brief schrieb Cato Bontjes van Beek bereits von Berlin aus an ihre Schwester Mietje. Vorher hatten die beiden Schwestern in Fischerhude noch reichlich Gelegenheit gehabt, sich darüber auszutauschen, welchen Beruf sie eigentlich ergreifen wollten. Mietje meinte, sie sollten zunächst in Bremen eine kaufmännische Lehre beginnen und die mittlere Reife nachholen, um für ihre beruflichen Pläne festen Boden unter die Füße zu bekommen. Cato zog es eher nach Berlin, in die pulsierende Reichshauptstadt, die längst unter dem Einfluss der Nationalsozialisten stand, aber den Schwung der flotten 1920er-Jahre noch nicht ganz eingebüßt hatte.

Zu einem Ergebnis kamen die beiden noch nicht. Cato wollte sich alle Möglichkeiten offenhalten. Einmal drängte es sie, ihren Traum vom Fliegen endlich zu verwirklichen. In Berlin konnte sie immerhin ihre Segelflugausbildung beginnen. Dann lag ihr daran, ihre Englischkenntnisse zu verbessern – neben dem Sprechen, das sie bereits gut beherrschte, auch die Grammatik zu erlernen. Außerdem wollte sich Cato, wie von Mietje vorgeschlagen, die Grundlagen der Buchführung aneignen, falls sie sich doch für die Keramik entscheiden und eines Tages vielleicht die Keramikwerkstatt in Fischerhude übernehmen sollte.

Alle drei Ziele sprachen für Berlin, wo ihr Vater in der Jungfernheide bereits eine gutgehende Keramikwerkstatt aufgebaut hatte. In der Charlottenburger Wohnung ihres Onkels Hans Schultze-Ritter und ihrer Tante Josephine, genannt Jossie, geborene Breling, kam Cato zunächst unter, während Mietje vorerst in Fischerhude blieb. Jossie Schultze-Ritter komponierte, schrieb Kammermusik und Orchesterwerke. Ihr Mann hatte als Musikpädagoge in Bremen gearbeitet und lehrte an der Hochschule für Musik in Berlin-Charlottenburg.

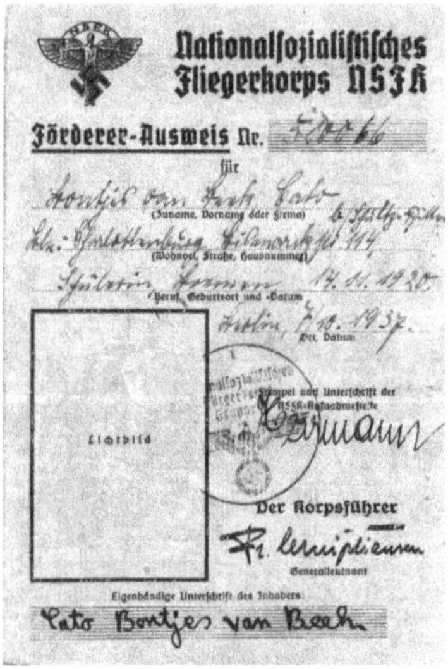

Nationalsozialistisches Fliegerkorps NSFK

Förderer-Ausweis Nr.

für

(Zuname, Vorname oder Firma)

(Wohnort, Straße, Hausnummer)

(Beruf, Geburtsort und -Datum) 14.11.1920

Berlin, 7.10.1937.

Ort, Datum

Lichtbild

Stempel und Unterschrift der NSFK-Aufnahmestelle

Der Korpsführer

Generalleutnant

Eigenhändige Unterschrift des Inhabers:

Cato Bontjes van Beek

Abb.: Catos Fliegerkorps-Ausweis

Für die halbjährige Segelflug-Ausbildung, die Ende Oktober 1937 in der Nähe von Berlin begann, galt als Voraussetzung die Mitgliedschaft im *Nationalsozialistischen Fliegerkorps / DSFK*. Dieses Zugeständnis an das Regime, dem sie ansonsten ablehnend gegenüberstand, nahm Cato in Kauf.

Liebe Mama,[27]
jetzt kommt ein ganz großes Problem, ich glaube, es wird Dich nicht so sehr erfreuen, Du wirst traurig sein und vielleicht auch einen schlechten Eindruck von Berlin bekommen. Papa will also nicht mehr haben, dass ich so aussehe, wie ich aussehe. Unter anderem soll meine Haarfrisur verändert werden. Er wollte schon gleich mit mir zum Friseur. Ich wollte es aber nicht ohne Deine Zustimmung.
Du weißt, dass ich nicht dagegen bin, dass meine Haare abgeschnitten werden, wenn es eine Haarfrisur ist, die meinem Typ entspricht. Nun sende ich Dir ein Bild von einer Frisur, die ich gerne leiden mag und von der ich annehme, dass sie mir stehen wird. Du musst nicht denken, sobald sie in Berlin ist, werden ihr die Haare abgeschnitten und Du nimmst das als Symbol…
An sich kommt mir alles so sehr komisch vor und ich habe Angst, dass Du von mir denkst, ich hätte mich jetzt schon ganz und gar verändert. Denke alles andere, nur nicht, ich hätte mich verändert und wäre meinen Grundsätzen untreu geworden…
Schicke mir recht, recht bald Nachricht, dass ich – wenn Du es erlaubst – Montag früh die Haare abschneiden lassen kann. Schicke mir auch gleichzeitig Deine Erlaubnis mit Beglaubigung des Bürgermeisters fürs Fliegen.
Viele 1000 herzliche Umarmungen,
Dein Dodo-Bursche

27 Die Zeilen an ihre Mutter Olga sind an den Mietje-Brief angefügt.

Die sonst sehr auf ihre Selbständigkeit bedachte Cato scheint das Einverständnis der Mutter zur neuen Frisur bekommen zu haben. Denn auf einigen Fotos, die in dieser Zeit entstanden sind, ist sie mit kurzgeschnittenen Haaren zu sehen. Hinter der Bitte um Zustimmung steckte ein tieferer Grund: Unter den Einflüssen der Großstadt wollte Cato ihren inneren Kompass nicht verlieren. Statt irgendwelchen Moden nachzulaufen, war sie entschlossen, offen und empfänglich zu bleiben für wesentliche Strömungen, die ihr halfen, ihren eigenen Weg zu finden.

Berlin-Charlottenburg, 29. November 1937
Bismarckstraße 114, G. IV
c/o Herrn Kapellmeister
Hans Schultze-Ritter

Meine liebe Annita,
jetzt schreiben wir schon den 29. November – weißt Du noch, am Sonnabend, dem 25. September, habe ich Fischerhude verlassen. Das ist nun schon fast eine Ewigkeit her. Was aber das Schlimmste ist – nicht ein Mal habe ich etwas von mir hören lassen – Ja, es ist schlimm! – Weißt Du noch, damals, wie ich Dich von Sagehorn[28] abgeholt habe mit dem Rad, es war am Freitag, einen Tag vor meiner Abreise. Da sagte ich noch zu Dir: »Nimm es mir nicht übel, wenn ich mal lange nicht schreibe, ich werde sicher sehr viel zu tun haben dort in Berlin.« So kam es auch. Schrecklich viel zu tun bekam ich. Du wirst vielleicht auch von der Bredenau[29] gehört haben, dass ich sehr wenig schreibe. Aber vielleicht hast Du durch die Bredenau auch hin und wieder mal etwas von mir gehört und erfahren, dass ich noch nicht ganz von der Welt verschwunden bin.

28 Ort mit Bahnstation in der Nähe von Fischerhude.

29 Gemeint ist die eigene Familie, die in der Bredenau wohnte.

Ich bin gerade von der Schule zurück. Montags ist es immer sehr anstrengend. Zumal ich immer noch todmüde bin vom Sonntag, wo ich in Trebbin[30] bin und fliege. Dann haben wir sechs Stunden hintereinander Unterricht. … Ach Annita, Steno macht mir Kopfschmerzen. Habt Ihr auch diese neue Methode von Fischer?[31] … Ich weiß nun gar nicht, ob Du das überhaupt lesen kannst. Wenn nicht, so macht es auch nichts – aber wenn ja, so wäre das sehr nett. So könnten wir ja öfter mal Steno schreiben. Schreib mir bitte darüber. Morgen früh um 10 Uhr haben wir Buchführung. Ich bin ja der Ansicht, Buchführung hat der liebe Gott im Zorn erschaffen. …
Hat es schon gefroren? Geschneit? Wenn ich vielleicht Weihnachten komme, so muss es aber ganz gehörig frieren, wenn das nicht, so aber Schnee liegen. Fürs Fliegen ist es ja nicht so sehr schön, aber wir wollen doch den ganzen Winter hindurch fliegen oder es wenigstens versuchen!
Viele Grüße an Deine lieben Eltern und an Änne!
Es grüßt Dich vielmals Deine treulose Cato.

Aus dem Jahr 1938 sind keine Briefe von Cato erhalten geblieben. Wahrscheinlich war sie mit ihrer Ausbildung an der Lette-Schule, der Segelfliegerei und anderen Aktivitäten so sehr beschäftigt, dass sie kaum zum Schreiben kam. Denkbar ist auch, dass ein Teil ihrer Post verloren gegangen ist. Im Frühjahr 1939 schrieb Cato in einem Heft mehrere Träume nieder. In einem Traum vom März 1939 hatte sie ihren eigenen Tod vorausgesehen, ihre Hinrichtung auf dem Schafott mit erschütternden Details.

30 Trebbin, Kleinstadt südlich von Berlin. Dort erhielt Cato an der Reichssegelflugschule ihre Ausbildung.

31 Es folgen einige Sätze in Stenografie. Cato lernte die Kurzschrift nach der Methode Hans Fischer.

Ich hatte einen seltsamen Traum. Mir träumte, ich sei zum Tode verurteilt worden, zusammen mit noch anderen. Warum, und was ich verbrochen hatte, weiß ich nicht. Ich war aber das einzige weibliche Wesen. Nach dem Urteil wurden wir gleich zum Hinrichtungsplatz geführt. Der Weg dorthin ging durch eine große Halle, die mit rotgemusterten imitierten persischen Teppichen behangen war. Zuerst ging der Scharfrichter, dann der Richter, dann wir Verurteilten und hinter uns ein Haufen Volke.
Alles strömte durch die riesige Halle einer mit dicken roten Teppichen belegten Treppe zu. Ich wusste genau, dies ist mein letzter Gang. Ich spürte aber in mir nicht die geringste Trauer um mein Leben, nein, ich habe vielmehr schon mit dem Leben vollkommen abgeschlossen und warte nur noch auf die Hand des Henkers …
Mir wurde ein Stuhl angewiesen, der sehr viel Ähnlichkeit mit dem eines Zahnarztes hatte, auch die bewusste Stütze für den Kopf fehlte nicht. Ich wusste sofort, das ist der Henker-Stuhl. Aber vollkommen ruhig und gefasst setze ich mich. Plötzlich ertönen die Klänge eines Marschliedes aus irgendeinem Koffergrammophon. Der Henker steht vor mir … Ganz tief hole ich dann Atem und lege dann den Kopf zurück, warf ihn in den Nacken. Ich spürte das Messer an meinem Hals, ein Ruck und hörte den Kopf nach hinten rollen, irgendwo hin, vielleicht in ein tiefes Loch, wo schon viele Köpfe lagen. …

Die Berliner Dramaturgin und Publizistin Regina Griebel hat Anfang der 1990er-Jahre eine Dokumentation über Cato Bontjes van Beek gedreht unter dem Titel »Ihr redet alle, aber keiner tut etwas!« Das Zitat stammt aus der Zeit, als Cato sich bereits in Berlin aufhielt und Verwandte und Freunde drängte, endlich etwas gegen die NS-Diktatur zu unternehmen. In einem Vortrag, den Griebel am 22. Oktober 1992 in der Gedenkstätte Deutscher Widerstand in Berlin hielt, bevor sie ihren Film zeigte, suchte sie nach einer Antwort auf die Frage, wie dieser Traum zu deuten sei:

»Aber zweifellos spiegelt der Traum die dramatische Wahrnehmung einer Realität, deren Zeichen selbst im ruhigen Fischerhude auf eine Katastrophe deuten. Eine Katastrophe, die sich eine Mehrheit in Deutschland niemals träumen ließ. Zu fragen ist also nach den Wurzeln eines frühen zeitkritischen Empfindens, mit dem dieses irdische und fröhliche Mädchen eine Gefahr zu erfassen vermag, die andere nicht gesehen haben. Der Philosoph und Sozialökologe Rudolf Bahro spricht in solchem Zusammenhang von einem »herzgeleiteten Verstand«, der allein zu solcher Wahrnehmung befähigt. Er meint, dass jedes Kind mit dieser Fähigkeit geboren wird und dass es darauf ankommt, diese Fähigkeit zu erhalten, zu ermutigen, bewusst zu machen.«

Der Beginn des Zweiten Weltkrieges am 1. September 1939 veränderte das Leben eines jeden Einzelnen. Für Cato bedeutete er auch eine Einschränkung ihrer beruflichen Möglichkeiten. Nicht einmal der Abschluss ihrer segelfliegerischen Ausbildung schien gesichert.

In dieser unsicheren Zeit suchte Cato Halt vor allem bei chinesischen Weisen und Philosophen. Mit einem Bleistift kreuzte sie Zeilen an, die ihr wichtig erschienen. Oder notierte auf einem Blatt Papier einen Satz wie diesen: *Wenn ein Blatt sich bewegt, kann auch der Ast erzittern. Gedanken chinesischer Weisen.*

Ihrer Tante Louise Modersohn schrieb die 18-Jährige aus Fischerhude, wo sich auch ihr Vater Jan mit seiner neuen Familie vorübergehend aufgehalten hatte. Der Brief ging nach Hindelang im Allgäu, wo Louise Modersohn auf dem Gailenberg ein altes Bauernhaus bewohnte, das ihr Mann

Otto Modersohn erworben hatte. Dort besuchte sie der Maler immer wieder. Er selbst lebte die meiste Zeit mit seinen Söhnen und der Haushälterin Johanna Eißler in einem Wohnhaus in Wilhelmshausen bei Fischerhude.

Fischerhude bei Bremen, den 24. Oktober 1939

Liebe Lolo,
Du hast mir mit Deinem lieben Brief eine riesige Freude gemacht. Habe herzlichen Dank dafür. Ich stehe aber ganz schuldbewusst vor Dir, denn ich habe Dir noch immer nicht geantwortet. Ein wenig sei das zu entschuldigen, zumal meine drei Geschwister aus Berlin und Papa und Rali da waren. Du kannst Dir denken, dass es da sehr viel Arbeit gab. Nun ist aber

Abb.: Christian, Lolo, Otto, Ulrich Modersohn im Allgäu, Mitte der 1930er-Jahre *alles wieder weg bis auf Digne*[32]*, die sich hier in Fischerhude so glücklich fühlt und in der kleinen Olga eine große Freundin hat. Seit Wochen wütet jetzt schon der Krieg. Nie wollten die Menschen sich wieder bekämpfen, so schwor man 1918. Alle Feinde lagen sich in den Armen, und unter Tränen gelobten sie es sich. 1933 wusste man, dass ein neuer Krieg kommen würde. Er ist nun da. Wie lange er dauern wird, weiß niemand. Alle guten Kräfte und Instinkte werden wieder verloren gehen, alle bösen Kräfte und Instinkte werden wieder aufkommen.*

Da redet man noch viel von der großen Zivilisation und der hochstehenden Kultur der weißen Rasse. Worauf hatte man es wieder abgesehen? Eine Handvoll erbärmlicher Menschen jagte Völker in den Krieg. Wir aber selbst müssen immer und immer an unserem Ideal festhalten. Wir dürfen nicht wankend werden. Was ich noch für eine heilige Pflicht halte, ist, dass wir unsere Kräfte nicht vergeuden mit Jammern und Sichaufregen. Wenn wir dann gebraucht werden, sind wir nicht mehr fähig, unser Werk zu vollbringen.

Ich glaube, Du kennst meine Weltanschauung. Ich werde auch nicht vom Wege abgehen, denn ich habe mein Ziel fest vor Augen, und nichts wird mich wankend machen.

In der Kirche kann man keinen Trost mehr suchen; ich habe ihn auch noch nie dort gesucht, denn die Kirche muss man von der Bibel unterscheiden. »Liebet eure Feinde wie euch selbst.« Ich kaufte mir mal die Reden von Gotamo Buddho, übersetzt von K. E. Neumann[33]*. Kennst Du diese? Sie sind wirklich sehr gut, zum Teil allerdings sehr schwer zu verstehen. Überhaupt hat man an den Weisheiten der alten Inder und Chinesen im-*

32 Digne war die älteste Tochter aus der Ehe zwischen Rahel und Jan Bontjes van Beek.

33 »Die Reden Gotamo Buddhos«, 1911. Das Buch enthält die Schriften Buddhas in der Übersetzung von Karl Eugen Neumann. In Europa gilt Neumann als Wegbereiter des Buddhismus, dem er selber 1884 beigetreten war.

mer einen Halt (Buddha, Lao-Tse, Dschuang-Dse und Liä-Dse). Kennst Du »Das wahre Buch vom südlichen Blütenland«[34] *von Dschuang-Dse? »Wer es aber versteht, das innerste Wesen der Natur sich zu eigen zu machen und sich treiben zu lassen von dem Wandel der Urkräfte, um dort zu wandern, wo es keine Grenzen gibt, der ist von keinem Außending mehr abhängig.« So heißt es: »Der höchste Mensch ist frei vom Ich; der geistige Mensch ist frei von Werken; der berufene Heilige ist frei vom Namen.« (Dies kommt in dem Gleichnis vom Vogel Rock und der Wachtel vor.)*

Schade, dass wir uns so wenig sehen können. Ich möchte ja so liebend gerne mal ins Allgäu. Fritz und ich, wir sind die Einzigen, die das Allgäu noch nicht kennen. Jetzt wird sicher schon Schnee liegen und Ulrich und Hansel oft mit den Skiern unterm Arm auf die Berge gestiegen sein.

Hier in Fischerhude ist es jetzt aber auch wunderbar. Besonders gern bin ich immer bei der Quelkorner Mühle. Schade, dass ich nicht malen kann. Ich wünschte oft, ich könnte es! – Aber ich will es lieber gar nicht probieren, denn Stümper in der Kunst zu sein ist etwas Grauenhaftes.

Erst richtig schön wird es, wenn die Wiesen alle überschwemmt sind und die Krähen in Massen unser Haus umschwärmen. Ich glaube, dann ist Ulrich auch traurig, nicht hier zu sein; ich weiß, wie gern er dann Fischerhude hat.

In ca. 14 Tagen fahre ich nach Berlin, um bei Papa in der Keramikwerkstatt zu arbeiten. Es ist immer ganz schön, mal im Winter in Berlin zu sein, denn man hat oft Gelegenheit, wissenschaftliche Vorträge zu hören. Ich habe vor zwei Jahren immer

34 Die Textsammlung »Das wahre Buch vom südlichen Blütenland« stammt aus der Frühphase des Konfuzianismus. Verfasst hat sie der Philosoph und Dichter Dschuang Dsi (verschiedene Schreibweisen, auch Zhuang Zi und Tschuang-tse, 362 v. Chr.-290 v. Chr.).

Vorträge am Kaiser-Wilhelm-Institut[35] gehört, vom Ostasiatischen Verein[36]. So etwas kann man natürlich immer am besten in Berlin haben. Dann kann man da auch fliegen. Trotzdem, es ist ja an sich jetzt aus mit der Privatfliegerei, ich möchte nämlich so gern weiterkommen damit.
(...)
Kit und Will Meyer[37] aus Bremen lassen Dich auch herzlich grüßen. Ich bin mit Kit sehr befreundet, sie hat mir auch weiter noch Englisch-Unterricht gegeben. Es geht ihnen nicht mehr besonders gut, da die Speditionen ins Ausland ja auch fast alle lahmgelegt sind.
Wenn ich in Berlin bin, werde ich Dir wieder schreiben. Die ganze Familie grüßt Dich herzlich. Viele Grüße auch an Ulrich und Hansel[38] und an Dich besonders
von Deiner Cato

Gleich zu Beginn eines weiteren Briefes an ihre Tante Louise Modersohn kommt eine düstere Stimmung zum Ausdruck, wahrscheinlich bedingt durch die politischen Ereignisse seit dem Überfall auf Polen, vor allem das Vorgehen gegen Juden im Deutschen Reich, die nach der Reichspogromnacht

35 Das Kaiser-Wilhelm-Institut war 1917 zur Förderung der Wissenschaften von der Kaiser-Wilhelm-Gesellschaft gegründet worden. Es umfasste Bereiche wie Physik, Anthropologie und Eugenik. Das Institut in Berlin-Dahlem diente dem NS-Regime zur wissenschaftlichen Untermauerung seiner Rassenpolitik.

36 Der Ostasiatische Verein existierte seit 1900. Sein Interesse richtete sich zunächst auf China und während der NS-Zeit verstärkt auf Japan, das faktisch von einer Militärdiktatur regiert und zum Bündnispartner von Hitler-Deutschland wurde.

37 Über das Ehepaar Kit und Will Meyer aus Bremen, das Cato gelegentlich erwähnt, ist wenig bekannt. Offenbar war es im internationalen Transportsektor tätig.

38 Hansel Kaufmann, Faktotum und Herrgottschnitzer, wohnte im Hause von Louise Modersohn auf dem Gailenberg im Allgäu.

am 9. November 1938 zu einer »Sühneleistung« in Höhe von 1.12 Millionen Reichsmark herangezogen wurden. Juden sollten also die gegen sie gerichtete Gewaltserie auch noch selbst bezahlen.

Aus Polen drangen ebenfalls Nachrichten nach Deutschland über die dort verübten Morde an Juden und Angehörigen der gesellschaftlichen Oberschicht. Die in Gettos zusammengepferchten Menschen waren in dem besetzten Land der totalen Willkür der deutschen Besatzer ausgesetzt.

4. März 1940

Meine liebe Lolo,
schon einmal hatte ich einen Brief an Dich angefangen, es sollte ein Geburtstagsbrief werden. Er blieb liegen, und nun hast Du gestern Geburtstag gehabt. Ich möchte Dir aber noch nachträglich gratulieren und Dir viel Glück wünschen für das neue Lebensjahr. Hoffentlich hast Du bei guter Gesundheit gefeiert. »Gefeiert«! soweit man heute überhaupt noch feiern kann und von »feiern« sprechen kann.
Weißt Du, liebe Lolo, seit ein paar Tagen bin ich wahnsinnig unruhig. Ich spüre es ganz genau, irgendetwas ganz Furchtbares wird in nächster Zeit geschehen. Etwas, das uns alle betreffen wird. Es muss allerdings etwas ganz Furchtbares sein, das spüre ich genau. Wir leben alle viel zu gleichgültig dem Leben gegenüber, diesem traurigen Leben. Es ist alles so wahnsinnig trostlos. Ich stelle mir immer wieder die Frage: »Warum ist es so?« Ich weiß aber keine Antwort.
An manchen Tagen spüre ich es besonders stark, dass alles seinem Ende entgegen geht. Alles wird sich verändern und nichts wird so bleiben und werden, wie wir es uns denken. Die Welt ist so schrecklich. Ich habe nie die Menschen geliebt; ich besaß den großen Fehler, an ihnen immer gleich die komische Seite zu entdecken. Jetzt weiß ich aber, dass alle ein Schicksal haben,

und ich liebe sie alle immer mehr und mehr und bekomme mit allen ein unendliches Mitleid.
Wenn man jetzt an einem sonnigen Morgen durch die Straßen geht und sich die Menschen ansieht, ihr großes Leid in ihren Augen erblickt, ihre Unwissenheit und ihr Suchen nach dem Höchsten in ihren Gebärden und ihren Gesichtern entdeckt, so kann man nichts anderes tun als sie zu lieben und man vergisst – muss sogar vergessen – dass sie so oft nicht richtig handeln. Man ist selbst ja ein ach so armseliger Knochen und man hat gar kein Recht, über andere zu urteilen.
(...)
Ich freute mich so sehr zu Deinem Briefe, den Du mir aus Bremen schriebst. Ich freue mich immer so über Deine Briefe. Hoffentlich hast Du nicht zu sehr unter der Kälte gelitten. Hier ist es jetzt stürmisch und es regnet.
Meine Freundin Kit schrieb mir jetzt ganz beglückt von Deinem Besuch. Sie schrieb mir ganz ausführlich... Sie und ihr Mann haben Dich sehr gern. Du musst ihr auch mal schreiben. Sie würde sich riesig freuen, ich weiß es. Ich habe sie sehr gern. Sie ist eine wunderbare Frau und wir sind sehr befreundet.
Ich hörte zum zweiten Mal die Matthäus-Passion[39] in einer sehr guten Aufführung. Bald werde ich die Johannes-Passion hören, die kenne ich noch nicht. Ich möchte Dir so gerne noch mehr schreiben, ich bin aber so wahnsinnig müde und muss ins Bett. Papa und Rali sind auf der Leipziger Messe[40]. Ich schickte Dir zu Weihnachten ein Buch ins Allgäu. Du hast es sicher nicht

39 Matthäus-Passion von Johann Sebastian Bach. Das vielleicht wichtigste Werk protestantischer Kirchenmusik handelt vom Leiden und Sterben Jesu Christi.

40 Die Leipziger Frühjahrsmesse 1940 stand bereits ganz im Zeichen des Krieges. Große Rüstungskonzerne füllten die Hallen mit Kriegsgerät. Ob Jan Bontjes van Beek in der »Reichsmessestadt«, wie Leipzig inzwischen genannt wurde, mit einem eigenen Stand vertreten war, um Stücke aus seiner Berliner Werkstatt vorzustellen, ist nicht bekannt.

mehr angetroffen, hast Du es jetzt bekommen? Bitte, verzeih die Schrift, ich bin müde.
Herzlich Deine Cato
Wie ist Christians Feldpostnummer[41]*?*

Halle a. S., 23. März 1940, z. Zt. bei Budde[42]

Liebe Lolo,
... Augenblicklich bin ich in Halle. Ich fuhr hierher mit einer Freundin und wohne bei deren Eltern. Heute Morgen waren wir zusammen auf der Moritzburg[43] *und in dem Museum in der Burg. Der Direktor, den Papa gut kennt, zeigte uns Mappen mit Zeichnungen von Klee, Nolde, Kokoschka und Beckmann*[44]*. Die wertvollen Bilder sind alle in Bleikästen verpackt und stehen im Burgkeller, so konnten wir sie leider nicht sehen. Die Burg selbst ist auch wunderbar, allerdings zum Teil schon sehr verfallen. Halle selbst ist ja eine sehr ulkige Stadt. Sie erinnert mich an Birmingham. Ich wohne aber in einer so reizenden gastfreundlichen Familie und fühle mich sehr wohl. Übermorgen fahren wir wieder ab, leider.*
Ich erwarte jeden Tag meine Einberufung zum Reichsarbeits-

41 Christian Modersohn, einer der beiden Söhne von Louise und Otto Modersohn, war inzwischen zur Wehrmacht eingezogen worden. Cato versucht, trotz Krieg den Kontakt zu beiden Cousins, also auch zu Ulrich Modersohn, zu halten.

42 Cato wohnte bei den Eltern ihrer Freundin Sibylle Budde in Halle.

43 Die Moritzburg in Halle, ursprünglich Residenz der Magdeburger Erzbischöfe, zählte zu den wichtigsten Kunstmuseen in Deutschland.

44 Dass der Direktor des Kunstmuseums den Besucherinnen nur Zeichnungen, nicht die Bilder von Paul Klee, Emil Nolde, Oskar Kokoschka und Max Beckmann zeigte, dürfte der Tatsache geschuldet sein, dass die Werke der Maler im Dritten Reich als entartete Kunst galten. Das traf auch auf Nolde zu, der zwar ein Anhänger der Nationalsozialisten, ein Rassist und Antisemit war, aber mit seinen Bildern beim NS-Regime keinen Anklang fand.

dienst. In den ersten Tagen von April werde ich wohl eingezogen und in irgendein Lager kommen. Es fällt mir schwer, jetzt wieder alles abzubrechen. Aber wenn ich meine Sache mit der von vielen Männern vergleiche, so finde ich sie ziemlich lächerlich und ich schäme mich, darüber zu sprechen. Hoffentlich erreichst Du etwas für Ulrich und Christian[45]. Es wäre wunderbar. Gründonnerstag war ich in der Johannes-Passion[46]. Es war wunderbar.
Wenn ich nach Berlin komme, schreibe ich Dir ausführlicher. Dies soll nur ein kurzer Ostergruß werden.
Die Butter und der Käse waren auch wunderbar. Heißen Dank!!
Fröhliche Ostern wünscht Dir Deine Dodo

Seit März 1940 hatte Cato ihre Einberufung zum Reichsarbeitsdienst vorliegen. Dieser »Ehrendienst am deutschen Volke« war seit 1935 für männliche und weibliche Jugendliche zwischen 18 und 25 Jahren vorgeschrieben. Die jungen Frauen und Männer wurden in der Landwirtschaft, beim Wegebau und beim Bau der Reichsautobahn eingesetzt, also überall dort, wo ein Mangel an Arbeitskräften herrschte.

Berlin-Charlottenburg, 15. April 1940

Meine liebe Lolo,
nun ist es schon wieder so lange her, seit ich Dir das letzte Mal geschrieben habe. Wie geht es Dir? Ich hoffe das Beste! Es hat sich ja in der Zwischenzeit furchtbar viel verändert. An sich wäre ich auch nicht mehr hier, sondern längst in Ostpreußen

45 Louise Modersohn versuchte, ihre beiden Söhne Ulrich und Christian davor zu bewahren, nach ihrer militärischen Ausbildung gleich an die Front geschickt zu werden. Diese Sorge teilte sie mit Millionen von Müttern in Deutschland.

46 Johannes-Passion von Johann Sebastian Bach. Komposition nach dem Evangelium von Apostel Johannes.

im Arbeitsdienst. Ich habe jetzt endlich meine Einberufung bekommen zum 9. April, jetzt ist der Sammeltransport aber bis zum 22. verschoben. Ich habe also noch acht Tage. Die will ich gut ausnutzen. Hast Du etwas für Ulrich und Christian erreicht? Hoffentlich hat alles so geklappt, wie Du es Dir gewünscht hast.

Meme[47] *ist jetzt auch seit ein paar Wochen hier in Berlin. Sie geht zur Schule, zur Berufsschule für Kartographie. Sie wohnt bei Schultzens, weil wir hier nur eine so kleine Wohnung haben. Wenn ich noch dageblieben wäre, so hätten wir uns zusammen ein Zimmer genommen.*

Den kleinen Geschwistern geht es an sich gut. Nur der Barent[48] *ist ein sehr anfälliges Kind. Er holt sich immer zu leicht etwas. Augenblicklich liegt er wieder mit Fieber im Bett. Es ist so schade um den kleinen Kerl. Er hustet auch schon fast den ganzen Winter hindurch. Er müsste mal ganz fest auskuriert werden. Vorigen Sommer waren ja die Kinder in Fischerhude. Das hat ihnen sehr wohlgetan. Jetzt ist Fischerhude ja zu gefährlich. Es sind immer englische Flieger da, und wenn es jetzt richtig losgehen wird - - -- Nun habe ich an Dich gedacht, liebe Lolo. Die Großmutter von den Kindern – die Mü*[49] *– wollte mit ihnen den ganzen Sommer irgendwo hinfahren. Sag mal, liebe Lolo, wüsstest Du irgendeine Stelle, wo sie den ganzen Sommer über bleiben könnten? Ich weiß ja nicht, wie Du da-*

47 Mietje Bontjes van Beek, Catos Schwester, war inzwischen ebenfalls nach Berlin gewechselt. Sie besuchte zunächst die Berufsschule für Kartographie und anschließend die Meisterschule für Grafik und Buchdruck. Mietje wohnte anfangs bei den Verwandten Jossie und Hans Schultze-Ritter, während Cato inzwischen in die väterliche Wohnung am Kaiserdamm in Charlottenburg gewechselt war.

48 Im Haushalt von Rahel und Jan Bontjes van Beek kümmerte Cato sich auch um ihre Halbgeschwister. Digne (1934) war die Älteste, Barent (1936) das zweite Kind von Jan und Rahel, Sebastian (1939) das dritte und Julia (1945) das vierte Kind.

49 Mü, gemeint ist die Mutter von Rahel Bontjes van Beek.

rüber denkst. Könnten sie eventuell bei Dir wohnen? Nimmst Du noch Gäste? Ich weiß ja über all das nicht Bescheid und frage bei Dir natürlich nur an. Weißt Du, die Großmutter von den Kindern ist eine fabelhafte Frau. Du würdest Dich bestimmt gut mit ihr verstehen. Sie ist kolossal lebendig und unternehmungslustig. Weißt Du, sie macht alles mit, und das ist so schön an ihr. Tim und Maria waren ja auch schon mal einen Sommer lang mit ihr an der Nordsee zusammen. Sie haben sich auch sehr gut verstanden. Die Mü würde natürlich ganz für die Kinder sorgen. Vielleicht weißt Du sonst jemanden, der sie aufnehmen würde, wenn es bei Dir nicht passt. Weißt Du, Lolo, ich wäre Dir dankbar, wenn Du mir über die ganze Sache bald schreiben würdest. Lass es Dir gut durch den Kopf gehen. Die Kinder sind ja reizend. Sebastian hat jetzt zwei Zähne und lacht eigentlich immer. Wenn er auch noch so brüllt, ich kann ihn immer wieder zum Lachen zwingen. Ich nenne ihn immer meinen »Tscherkessenhäuptling«[50]*, er hat direkt etwas Mongolisches.*
So, jetzt habe ich immer über die Kinder geschrieben. Ich komme mir wie die Mama von den Kindern vor. Eigentlich wollte ich Dir ganz andere Sachen schreiben, aber das muss ich wohl wieder für den nächsten Brief aufbewahren. Ich werde Dir gleich aus dem Arbeitsdienst schreiben. Im Moment habe ich auch so grässliches Zahnweh, so fällt es mir schwer, klare Gedanken zu fassen.
Übrigens, Sebastian würde nicht mitkommen. Nur die zwei anderen. Hier sind auch ein paar Bilder von den Gören.
So, liebe Lolo, schreibe mir bitte bald. Ich würde mich freuen.
Herzlichst Deine C.
(Meine Post im Arbeitsdienst wird natürlich kontrolliert!)

50 »Der Tscherkessen Häuptling – Roman über Russland« von William H. G. Kingston.

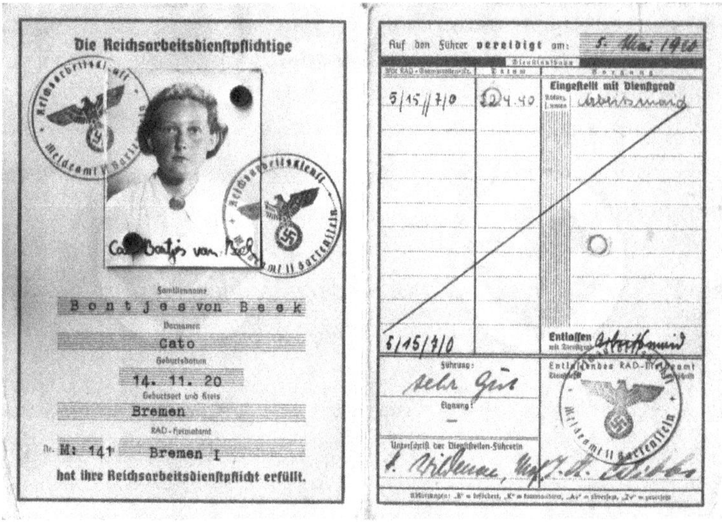
Die Reichsarbeitsdienstpflichtige

Familienname: Bontjes von Beek
Vornamen: Cato
Geburtsdatum: 14. 11. 20
Geburtsort und Kreis: Bremen
RAD-Meldeamt: Nr. Mt 141 Bremen I

hat ihre Reichsarbeitsdienstpflicht erfüllt.

Auf den Führer vereidigt am: 5. Mai 1940

Eingestellt mit Dienstgrad

Entlassen

Führung: sehr gut

Eignung: —

Unterschrift der Dienststellen-Führerin

Abb.: Catos Reichsarbeitsdienst-Ausweis

R.A.D.-Lager 5/15 Blaustein, 25. Mai 1940
Kreis Rastenburg (Ostpr.)

Meine liebe Lolo,
jetzt bin ich schon so lange beim R.A.D. und habe Dir immer noch nicht geschrieben, und ich versprach Dir doch, gleich zu schreiben.
Hast Du Nachricht von Ulrich und Christian? Wo sind sie? Mama schrieb mir, dass von Ulrich keine Nachricht sei, hast Du jetzt? Ich schrieb ihm von hier einen Brief, nach München, er hat mir allerdings nicht geantwortet.
Es geschehen ja entsetzliche Dinge in der Welt. Ich höre hier allerdings nicht viel, aber ich fühle, es muss alles entsetzlich sein. Ich sitze augenblicklich draußen im Freien mit drei anderen Kameradinnen am Tisch. Wenn Du ihr Geschnatter hören würdest! Mein Gott, mein Gott. Und welch dämliches Zeug sie reden. Es fällt mir schwer, einen richtigen Brief zu schreiben. Es war hier in den letzten Tagen sehr heiß. Wir hatten 33 Grad Hitze im Schatten. Der Sommer fängt gut an, nicht wahr? Da-

bei tragen wir Wollsocken und schwere schwarze Stiefel zum Schnüren. Oh, wie ich diese »Komorken«, so nennen wir sie, hasse! Gottlob sandte Amelie mir heute ein paar Klappsandalen, man hat sie mir schon einmal entwendet und auf einen Baum gehängt, dort hingen sie wie Pflaumen. (Wenn die Mädels doch nur nicht so viel quatschen würden, es wäre besser!)
Ich war noch nicht bei den Siedlern. Ich bedauere es auch nicht. Jetzt bin ich schon 14 Tage in der Küche. Denke Dir, ich, die noch nie an einem Herd gestanden hat, ich habe schon am zweiten Tag für 48 Personen gekocht und alle riefen im Chor: »Ein Lob der Küche!« Ich musste aber selber darüber lachen, es kam mir zu komisch vor. Hoffentlich bleibe ich nicht noch 14 Tage als Küchenchef da.
Das Leben des Lagers ist ganz komisch. Ich kann mich an Verschiedenes gar nicht gewöhnen. Besonders vermisse ich das Alleinsein sehr. Immer ist man mit so vielen Menschen zusammen. Die Mädels selbst gefallen mir eigentlich nicht, bis auf zwei. Die eine davon ist besonders famos. Mit ihr bin ich immer viel zusammen. Wir müssen uns gegenseitig immer wieder aufreißen[51]*. Gott sei Dank haben wir eine gute Lagerführerin. Ich verstehe mich mit ihr sehr gut. Mit den Mädels kann ich auch gut umgehen. Sie interessieren mich eigentlich alle psychologisch sehr.*
Morgen machen wir eine Wanderung an den Mauersee[52]*. Eigentlich haben wir alle nicht sehr große Lust, in der Hitze zu laufen, und wir wissen noch gar nicht mal, ob wir dort auch baden dürfen. Es wäre ja Tierquälerei, uns dort hinrennen zu lassen in der Hitze, und dann dürfen wir den See bestaunen und bewundern und dann nicht hineinspringen.*
Ich habe hier eine Vase aus Ton geformt. Es hat mir riesigen

51 Aufmuntern, Mut zusprechen.

52 Mauersee, polnisch Mamry, ein Binnensee der Masurischen Seenplatte.

Spaß gemacht. Sie kann sogar in der hiesigen Ziegelei gebrannt werden. Eben hat uns die Lagerführerin mitgeteilt, dass wir nicht baden dürfen in dem Mauersee, so eine Gemeinheit! Vorgestern kam ein Brief von Kit Meyer. Ein trauriger Brief. Es tut mir so leid. Was hat sie nicht alles auszustehen in Bremen. Vorigen Freitag war ein Bombardement auf Bremen, 11 Tote und 63 Verletzte. Kannst Du ihr einmal schreiben? Sie braucht gerade jetzt Menschen, die mit ihr fühlen. Sie schrieb mir einen langen Brief, er war aber so traurig.
(...)
An manchen Tagen habe ich grausiges Heimweh. Ich muss immer an Fischerhude denken und besonders an die Wiesen. Wenn ich nur manchmal allein sein könnte und mehr Zeit zum Lesen hätte, wäre alles erträglicher. Meine Kameradin Helga leidet an sich noch mehr. Ich habe einen ziemlichen Einfluss auf die Mädchen und kann oft mal etwas sagen, auch dagegen sagen. Die Lagerführerin tut auch vieles, was ich ihr sage.
Wenn ich mal wieder Zeit habe zum Lesen, so stürze ich mich entweder auf Novalis oder auf ein sehr gutes Buch von Lie[53]. Ludwig Bock, »Urchristentum, Caesaren und Apostel. Beiträge zur Geistesgeschichte der Menschheit«[54]. Dich würde das Buch sicherlich auch sehr interessieren. Es ist an sich mehr geschichtlich, angefangen mit dem Griechentum, Hellenismus, Römertum, Judentum. Dann Johannes der Täufer, Judas Ischariot, das Coenaculum[55], Simon Petrus, Jacobus, der Bruder des Herrn, und der Evangelist Johannes.
Ich werde es Dir auch einmal schicken.

53 Vermutlich ist Jonas Lie (1833-1908) gemeint, norwegischer Dichter und Dramatiker.

54 »Urchristentum I: Cäsaren und Apostel«, 1939. Als Autor wird Emil Bock angegeben (nicht Ludwig Bock). Das Buch behandelt die Anfänge des Christentums.

55 Coenaculum, lateinische Bezeichnung für Abendmahlsaal, in dem Jesus mit seinen Jüngern das letzte Abendmahl einnahm.

Dann habe ich noch »Krieg und Frieden«[56] zum Lesen mitgebracht. Darauf freue ich mich auch.
Die »Sonnets« von Shakespeare auf Altenglisch habe ich auch hier. Es ist jedes Mal eine Wohltat, darin zu lesen....
Es ist mittlerweile ganz dunkel geworden. Ich muss ins Bett. Schreibe mir bald wieder!
Sei umarmt von Deiner Dodo

Zu den wenigen Frauen, mit denen Cato im RAD-Lager engen Kontakt pflegte, gehörte die aus Berlin stammende Sigrid Arnold, die nach dem Krieg Pädagogin wurde und 2012 ausführlich über die gemeinsam mit Cato in Blaustein verbrachte Zeit Auskunft gab. Mit ihr habe sie sich über Gott und die Welt austauschen können, berichtete Arnold. Sie schilderte Catos Talent zum Imitieren, ihren Humor und ihre Freude am Singen:

»Ich saß hinter einer Baracke. Cato sah mich dort, setzte sich zu mir und schwieg. Dann fing sie plötzlich an zu singen. Und was sang sie? ›Jonny hat Sehnsucht nach Hawaii‹. Ganz gerührt hörte ich ihr zu und dann fragte ich sie: ›Wo hast du denn das Singen gelernt?‹ Sie antwortete: ›Bei einem Wettbewerb in unserem Dorf. Da mussten wir viel üben. Übrigens habe ich dabei den ersten Preis gewonnen.‹[57]

Eine andere Begebenheit, an die ich mich erinnere: Abends sah ich mehrmals, wie Cato draußen an einer Ecke stand und auf einen bestimmten Stern am Himmel blickte. Als ich sie schließlich darauf ansprach, erzählte sie zögernd, von England aus gucke auch jemand um dieselbe Zeit auf diesen Stern. Sie machte eine leicht ironische Bemerkung, als wolle sie vom

56 Leo Tolstois »Krieg und Frieden« zählte zur Lieblingslektüre von Cato.

57 Hermann Vinke, »Cato Bontjes van Beek – Ein Porträt«, Zürich-Hamburg 2013, S. 63ff.

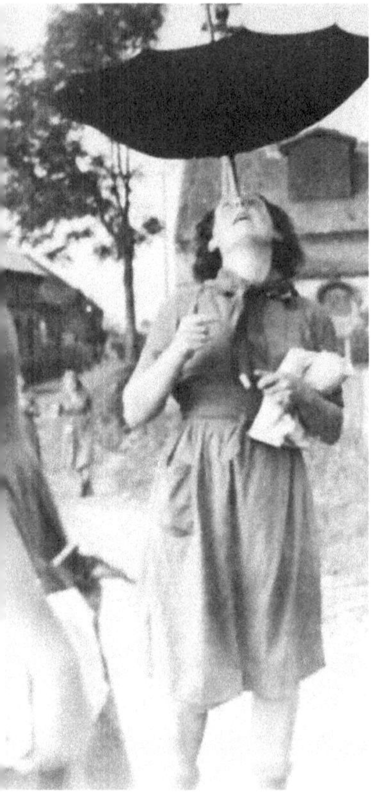

Thema ablenken. Es war diese Art, die ich an ihr mochte.«

Beide verbrachten einige Tage in der Krankenbaracke. Cato litt unter den Folgen der extremen Hitze. Sigrid Arnold war an einem Magen-Darm-Infekt erkrankt. Die Berlinerin war von Cato tief beeindruckt:

»Mir wurde zum ersten Mal klar, dass sie ein unerhört nachdenklicher Mensch war. Nicht nur im Politischen. Da hielten wir uns zurück. Wie leicht konnte ein Wort durch die dünnen Wände dringen. Gemeinsam lasen wir Nietzsches ›Die Geburt der Tragödie aus dem Geiste der Musik‹[58]. Was wir da diskutiert haben, weiß ich nicht mehr. Aber ich weiß noch, dass das für uns beide glückliche Stunden waren. Man war dieser Wüstenei von Nazi-Ertüchtigung und Appellen entzogen.

Als wir die Heilstube – so nannte sich das Krankenzimmer – längst verlassen hatten, lasen wir Kant und Faust II[59]. Unser Leseeifer wirkte offenbar ansteckend. Eine Kameradin, etwas einfach gestrickt, wollte gerne mitreden. Wir sagten, das sei vielleicht etwas zu schwer für sie. Aber sie ließ sich nicht abweisen und las mit dem Finger Zeile für Zeile den Faust.«

In den folgenden Briefen an ihren Cousin Ulrich Modersohn schildert Cato u. a. die Arbeit auf dem Felde. Die deutschen Bauern in Ostpreußen beschäftigten Zwangsarbeiter

58 Friedrich Nietzsche, »Die Geburt der Tragödie aus dem Geiste der Musik«, 1872.

59 Johann Wolfgang von Goethe, »Faust: Der Tragödie zweiter Teil«, 1832.

Abb.: Cato beim Reichsarbeitsdienst in Blaustein, Ostpreußen, 1940

aus Polen und bald auch Kriegsgefangene aus dem besiegten Frankreich. Für Cato waren sie keine Feinde, sondern Menschen, mit denen sie gern umging.

Ihr Cousin hatte inzwischen seine soldatische Ausbildung in München beendet und befand sich an der Westfront, wo Hitler seine Blitzkriege mit Angriffen auf die Niederlande, Belgien und Frankreich fortsetze. Ulrich Modersohn war ein Anhänger des Nationalsozialismus. Mit vorsichtigen Worten versuchte Cato in ihren Briefen, ihm ihre eigene Ablehnung des Krieges zu verdeutlichen. Was sie wirklich dachte, konnte sie nicht zu Papier bringen, denn sie wusste, dass ihre Post kontrolliert wurde.

R.A.D.-Lager Blaustein, 5. Juni 1940

Mein lieber Ulrich,
heute bekam ich Eure Karte aus Landshut. Ich habe mich riesig dazu gefreut. Du wirst mittlerweile schon im Westen sein. Ich hoffe sehr, dass es Dir gut geht.
Heute ist Sonnabend, wir hatten gerade Appell, und jetzt können wir schreiben. Draußen stürmt es mächtig. Wir hatten die ganze Zeit bis zu 30 Grad Hitze, heute ist es aber sehr kalt. Seit vorigen Montag bin ich bei einem Siedler. Es gefällt mir dort auch gut, ich habe es verhältnismäßig gut getroffen, weil es dort nicht so dreckig ist wie bei den anderen Siedlern. Ich arbeite mit dem Siedler selbst, einem 15-jährigen Knecht und einem Polen, Wladek, auf dem Feld. Wir hacken Disteln, Unkraut zwischen den Rüben usw.
Neulich waren wir am Mauersee. Wir machten eine Wanderung dorthin. Morgen werden wir zum ersten Mal im großen Mauersee baden, hoffentlich ist es aber morgen wieder warm. Helmut Schmidt schrieb mir gestern. Er ist als Leutnant bei der Flak in Hamburg. Er hat alles Mögliche versucht, um an die Front oder zu einer anderen Waffengattung zu kommen. Ver-

geblich! Jetzt trägt er sich mit dem Gedanken, zur Fallschirmjägertruppe zu kommen. Er hält es nicht mehr in Hamburg aus. Seine Familie ist zwar glücklich, ihn so verhältnismäßig sicher zu wissen.
Kurt Hinterlach[60] schickte mir heute durch die Buchhandlung Buchholz drei Inselbücher von Rilke[61]: »Das Marienleben«, »Ausgewählte Gedichte« und »Portugiesische Briefe«.
Jetzt liege ich im Bett. Es ist urgemütlich. Ab und zu nippe ich an einer Tasse echtem Bohnenkaffee. Aber nein, ich will Dir nicht die Zunge lecker machen. Das wäre grausam. Der Vater einer Kameradin schickte ihn aus Belgien...
Mama schrieb mir, dass Gretlein Blankens Mann gefallen sei. Sie erwartet ein Baby.
Wo ist Christian? Du musst mir unbedingt seine Feldpostnummer schicken, damit ich ihm auch schreiben kann.
Ich schickte Dir einen Brief mit einem Päckchen Zigaretten nach München, noch an die Adresse »Lazarettstraße«. Hoffentlich hast Du es noch bekommen. Soll ich Dir sonst noch Zigaretten schicken? Wenn ich wieder welche bekommen kann, schicke ich sie Dir wieder. Hast Du mal etwas von Günther, Walter und Werner Blanken[62] gehört? Du brauchst mir nicht wieder

60 Kurt Hinterlach zählte zum Berliner Freundeskreis von Cato. Mit Hilfe der Familie Bontjes van Beek sorgte Hinterlach dafür, dass ein jüdischer Architekt, der nach England fliehen wollte, in Fischerhude vorübergehend Unterschlupf fand.

61 Rainer Maria Rilke war im geistigen Kosmos von Cato eine feste Größe. Seine Lyrik sprach sie unmittelbar an, korrespondierte mit ihren Seelenlagen. Aber auch die Nähe Rilkes zu Worpswede spielte eine Rolle. Im Künstlerdorf Worpswede hatte der Dichter in der Kommune »Barkenhoff« die Bildhauerin Clara Westhoff, seine spätere Frau, kennen- und lieben gelernt. Seit 1911 lebte sie mit ihrer Tochter Ruth in Fischerhude in der Nähe des Hauses Breling. Paula Modersohn-Becker, die zweite Ehefrau von Otto Modersohn, malte Porträts der beiden.

62 Drei junge Männer aus Fischerhude, von denen Cato annahm, sie würden eingezogen.

zu schreiben, wenn Du keine Zeit hast, ich schreibe Dir aber bald wieder.
Sei umarmt von Deiner Dodo.

R.A.D. Lager 5 / 15 Blaustein,
13. Juli 1940

Lieber Ulrich
habe herzlichen Dank für Deinen lieben Brief. Ich freue mich sehr dazu, endlich einmal etwas von Dir persönlich zu hören. Ich hoffe, es geht Dir gut. Ich sitze augenblicklich in einem Graben und schreibe und fange an zu frieren. Das ist lange nicht mehr gewesen, dass ich gefroren habe. Wir hatten hier immer eine barbarische Hitze, sie stieg bis auf 50 Grad und bei 40 Grad haben wir noch Rüben gehackt und Kohl gepflanzt. Jetzt fegen dicke, schwere Regenwolken über mich hinweg und ein kalter Wind bläst.
Bis zur Getreideernte brauche ich nicht mehr auf dem Felde zu arbeiten. Eigentlich schade, denn die Feldarbeit liegt mir mehr als die Hausarbeit. Seit Montag bin ich bei einem neuen Siedler. Dort gefällt es mir nicht so gut wie beim alten, alles ist so viel schmutziger, der neue hat sich gerade einen neuen Binder[63] *für das Getreide gekauft. Es gibt nur vier in der Siedlung. Ein Prachtexemplar ist es.*
Seit einer Woche sind die Polen hier fort, und wir haben hier Franzosen. Mein Französisch, das ich bei Amelie gelernt habe, reicht noch dazu, dass ich mich verständigen kann. Der Siedler ist selig, denn so diene ich als Dolmetscher.
Wir haben eine neue Lagerführerin – die alte ist in Urlaub – und die kommt aus Bremen und kennt auch Fischerhude. Meme und Emma sind augenblicklich in Fischerhude. Gestern

63 Mit »Binder« ist ein Mäh-Binder gemeint, der das Getreide mähte und zu Garben flocht.

schrieben mir alle. Tim ist auch dort. Gerstberger wohnt bei Haina[64] *und wartet auf seine Einberufung. Helmut Schmidt ist noch als Leutnant bei der Flak in Hamburg, er wartet immer noch darauf, dass er als Fallschirmjäger angenommen wird, als tauglich ist er befunden. Er schrieb mir vor ein paar Tagen.*
Was Du mir über Kameradschaft und Freundschaft schreibst, ist sehr wahr. Ich erlebe es hier im Lager, in der Lagergemeinschaft selbst. Wir alle erziehen uns gegenseitig; wenn es oft auch Streitigkeiten gibt, im gegebenen Moment stehen alle für eine und eine für alle. Es hat sich auch so bewiesen.
Augenblicklich lese ich ein Buch von Ernst Wichert[65]*. Manchmal gefällt es mir und manchmal wieder nicht. Kennst Du oder magst Du Wichert? Du wirst sicher keine Zeit zum Lesen haben oder jetzt doch?*
Manchmal könnte ich an allem verzweifeln und wünsche, ich hätte vor vielen Jahrtausenden gelebt. Ich weiß, dass Du diesen Standpunkt von mir verachtest und mich gleich auf die Größe dieser Zeit hinweisen würdest. Du kannst mich aber doch sicher verstehen, wenn ich manchmal verzweifeln möchte. Vieles in mir stürzt zusammen und verursacht Schmerzen. Zehn Monate habe ich keine Nachricht mehr von J.[66] *Ich glaube, ich darf Dir das wohl sagen und Du nimmst es mir nicht übel. Kann ich daran etwas ändern? Kennst Du den chinesischen Spruch:*
Ins Unermessliche steigen die glückhaften Wolken.
Kaum ahnt der Mensch, was grenzenlos heißt –
Gut und Böse wird vergolten – früh sei es oder spät.
Das Gesetz der Wiederkehr zwingt uns in seine Bahn.
Wozu eifern der Welt Kinder um Gut und Macht? Alles
Ist vorher bestimmt – machtlos ist der Mensch immer

64 Haina Schmidt-Breling, Catos Tante.

65 Ernst Wichert (1831-1902) verfasste zahlreiche Bühnenstücke, Romane und Novellen.

66 John Hall, Catos englischer Freund.

Und überall. Nur am Ende durchschaut er den großen Wahn! –
Schreibe bald wieder, wenn Du Zeit hast!
Herzlich Deine Dodo

Mit ihrem Cousin Ulrich Modersohn entwickelte sich trotz der gegensätzlichen politischen Standpunkte ein reger Briefwechsel. Der Soldat legte Cato nahe, sich von ihrem Verlobten in England, von dem sie lange nichts gehört hatte, loszusagen. Ihre heftige Reaktion lässt keinen Zweifel daran aufkommen, wen sie dafür verantwortlich machte, dass die Verbindung unterbrochen war: die Kriegstreiber in Berlin.

R.A.D.-Lager Blaustein,
7. August 1940

Lieber Ulrich,
Dein letzter Brief war so schön, habe vielen Dank. Über eine Stelle habe ich mich allerdings mächtig geärgert: »Suche mehr Trost bei anderen Menschen, von denen Du weißt, dass sie Dich nicht liegen lassen.« Mich hat J. nicht liegen gelassen. Wie kannst Du nur so von ihm denken? – Wenn wir auch zehn Monate nichts voneinander wissen, so ist das nicht seine und nicht meine Schuld. Es ändert aber nichts an dem, was früher zwischen uns war. Ich kann warten. – Ich glaube, ich darf Dir das ruhig alles schreiben – Du kennst mich ja, und ich Dich.
Die Ansichtskarte ist sehr schön, besonders farbig gefiel sie mir so gut.
Dein Brief kam fünf Minuten vor meiner Abreise an die deutsch-russische Grenze[67]. Ich fuhr dort mit einer Kameradin hin. Wir blieben dort Sonnabend und Sonntag und hatten eine herrliche Zeit. Die Landschaft ist auch sehr schön. Ich danke Dir auch

67 Königsberg.

für Christians Nummer[68]*. Ich hab ihm zwei Mal geschrieben, er hat mir nie geantwortet. Ich hoffe aber sehr, dass er meine Post erhalten hat.*
Augenblicklich führe ich ein faules Leben. Ich soll ein paar Töpfe modellieren. Ich habe mir Ton aus der Ziegelei geholt und jetzt mache ich den ganzen Tag Pötte. Sitze ganz allein und ungestört in einem Raum. Es gefällt mir so sehr gut.
Ich lag eine Woche im Bett, hatte ein schlimmes Bein und habe dabei viel gelesen. »Krieg und Frieden« von Tolstoi. Er beschreibt den russisch-französischen Krieg von 1812[69]*. Es ist so furchtbar grausam alles. Die Welt hat sich nicht viel verändert seither, leider. Kulturen werden gebaut, zerstört, wieder neu gebaut und von neuen Geschlechtern (sie werden von Geschlecht zu Geschlecht immer härter) wieder weggefegt. Weißt Du, lieber Ulrich, ich suche und suche immer noch nach der Wahrheit. Es gibt doch nur eine, kann es ja nur geben! Wo ist sie? Ich meine sie schon oft gefunden zu haben, aber immer wieder muss ich mich abwenden und wieder vor dem Nichts stehen.*
Ich sitze im Graben und schreibe. Mittlerweile ist es ganz dunkel geworden. Bald schreibe ich Dir wieder.
Herzlichst Deine Dodo
Vielen Dank auch für das Gedicht. Ich würde mich freuen, wenn Du mir mal wieder eins schickst.
Deine Dodo

68 Gemeint ist die Feldpostnummer. Für den Brief- und Paketverkehr zwischen der Front und der Heimat nutzte die Wehrmacht Nummern, damit die Feindaufklärung Truppenbewegungen und -stationierungen der Deutschen nicht ausfindig machen konnte.

69 Der Russlandfeldzug Napoleons endete 1812 mit einer verheerenden Niederlage für den französischen Kaiser und führte zwei Jahre später nach den sog. Befreiungskriegen zur Abdankung Napoleons.

Wegen einer Entzündung am Bein durfte Cato den Reichsarbeitsdienst vorzeitig beenden. Sowohl in Berlin als auch in ihrem Heimatdorf Fischerhude musste Cato feststellen, dass der Krieg durch die häufigen Luftangriffe immer näher rückte.

Fischerhude bei Bremen,
9. September 1940

Lieber Ulrich,
einen ganz langen Brief an Dich hatte ich schon in Königsberg angefangen. Es ging dann alles mit meiner Entlassung so schnell, dass ich nicht mehr dazu kam, ihn zu beenden. Nun ist das bestimmt schon alles überholt und ich fange lieber einen neuen an. Gestern kam Tim aus dem Allgäu zurück. Er ist ganz braungebrannt. Seit Weihnachten sah ich ihn nicht mehr, und ich finde, dass er noch größer in der Zwischenzeit geworden ist.
Als ich von Königsberg ins Lager zurückfuhr, um meine Sachen dort zu ordnen, erhielt ich am letzten Tag Deinen lieben

Abb.: Fischerhude, Heimathaus und Kirchhofsmauer, heutiger Cato-Bontjes-van-Beek-Weg, Foto: Klaus Rohmeyer

Brief. Habe vielen Dank. Ich fuhr dann nach Berlin – gleich in der ersten Nacht mussten wir in den Keller – in Berlin blieb ich sechs Tage und dann fuhr ich nach Fischerhude. Die eigentliche Entlassung ist erst am 28. September. Ich wurde vorzeitig beurlaubt, ich hätte doch nicht mehr arbeiten können, sonst wären meine Beine schlimmer geworden. Jetzt aber ist alles schon viel besser, hier in dieser schönen Ruhe und Stille.
Heute Abend soll Christian in Bremen ankommen. Schön, dass er Urlaub hat. Wie ist es mit Deinem? Hoffentlich bekommst Du ihn auch recht bald.
Gerade ist es hier so schön. Augenblicklich sitze ich hinten im Garten. Die Sonne scheint noch ganz heiß, es sind aber auch dicke, graue Wolken am Himmel, die die Sonne verdecken, dann ist es ganz kalt.
Gestern Abend sehr spät machte ich mit Marianne[70] *noch einen kleinen Spaziergang zu Brummans Schlüüüs*[71]*. Der Mond schien und es war ganz kühl, beinahe wäre ich noch in die Wümme gegangen, es war auch zu verlockend. Vielleicht mache ich es noch heute. Sonst traut sich keiner mehr hinein.*
Die Nacht von gestern auf heute war sehr unruhig. Diese Gegend hier scheint zum Tummelplatz der englischen Flieger geworden zu sein. Die Flak schoss heftig vom Hexenberg und die Gegend war von den Leuchtraketen hell erleuchtet.[72] *Ich denke mit Grauen an die Stadt. Wenn ich dann wieder richtig*

70 Marianne Schultze-Ritter, Catos Cousine, in deren Elternhaus in Berlin sie eine Zeitlang wohnte.

71 »Schlüs«, plattdeutsche Bezeichnung für Schleuse.

72 Der Brief an ihren Cousin spiegelt Catos wachsende innere Unruhe über den Krieg wider, der immer näher rückte. Wegen der Luftangriffe musste sie in Berlin häufig den Luftschutzkeller aufsuchen. Aber auch in ihrem Heimatdorf Fischerhude konnte sich niemand mehr sicher fühlen. Auf dem Flug nach Bremen überquerten britische Bomber häufig das Dorf. Der Hexenberg, eine Anhebung südwestlich von Fischerhude, diente den Piloten als Fixpunkt. Auf dem Rückflug warfen sie häufig überzählige Munition über dem Hexenberg ab.

in der Arbeit drinstecke, so komme ich nicht mehr zu mir selbst, und das ist es, wovor mir graut. Im letzten Winter habe ich ja noch ein einziges richtiges Buch lesen können. Mama fährt vielleicht in diesem Winter auch nach Berlin, dann werden wir drei – Mama, Meme und ich – zusammen wohnen. Das wird sehr schön werden…

13. September
Ich kam wieder nicht zum Schreiben. Du musst entschuldigen, ich habe aber auch eine große innere Unruhe, die mich nicht schreiben lässt. Es hat sich wieder vieles geändert in diesen Tagen. Christian ist angekommen – er war aber noch nicht hier – Bremen wurde sehr stark bombardiert, vier Stunden ununterbrochen. Und heute schrieb Meme, dass sie zum R.A.D. nach Norwegen oder Polen muss. Es wird nicht leicht für sie sein, jetzt so aus dem Studium herausgerissen zu werden. Aber nach Norwegen oder Polen in den R.A.D. zu kommen, stelle ich mir sehr interessant vor.[73]
Wenn ich jetzt so auf meine R.A.D.-Zeit zurückblicke, so stelle ich fest, dass sie mir doch auch genützt hat… Das Wesentlichste, das ich vom R.A.D. profitiert habe, ist, dass ich Menschen schätzen gelernt habe, mit denen ich sonst nie zusammengekommen wäre, die ich auch nie irgendwie beachtet hätte im sonstigen Leben. Ich denke gerade an eine Berliner Plättnerin[74]*, die mir bereits in Berlin bei der Abfahrt als unangenehm auffiel. Ihr äußeres Wesen, ihre Sprache – »mir« und »mich« prinzipiell verwechselnd – stieß mich ab. Im Lager kam ich mit ihr in nähere Berührung. Sie fasste Zutrauen zu mir und erzählte mir ihr Leben. Da spürte ich ihr Suchen nach irgendetwas, wovon sie noch nie gehört hat, weder gelesen noch*

73 Wegen einer schweren Erkrankung blieb Catos Schwester schließlich vom Reichsarbeitsdienst verschont.

74 Büglerin.

gehört. Ich war ganz beschämt ob meinem ersten stillen Urteil. Ich widmete mich ihr ganz besonders, wollte in ihrem Inneren aber auch keine Wirrnis anrichten. Sie müsste jemanden haben, der sie vorläufig leitet. Bis zur letzten Erkenntnis kann jeder Mensch nur allein gelangen.
Vielen Dank für die Gedichte. Besonders gut gefiel mir »Über den Bergen steiget die Nacht«. Ich weiß nicht, ob es unverschämt von mir ist, Dich zu bitten, mir mehr zu schicken – aber nur, wenn Du Lust dazu verspürst und es Dir nicht unangenehm ist. Nimm mir diese Bitte nicht übel! –
Dieser Brief ist in lauter Etappen geschrieben. Er ist sehr zerrissen geschrieben. Verzeih. Ist es der Regen, der mich müde macht?
Herzlichst Deine Dodo.

DRITTES KAPITEL

»Wenn doch bloß alles bald vorüber wäre«

Catos Weg in den Widerstand

Abb.: Cato in Fischerhude, 1940

Isn't it romantic?

Nur ein paar Tage blieb Cato in Fischerhude, um sich vom Reichsarbeitsdienst zu erholen und ihre Wunde am Bein halbwegs auszukurieren. Am 12. Oktober 1940 ging es wieder nach Berlin. Dass ihr vor der Rückkehr in die Großstadt graute, wie sie in ihrem Brief vom 9. September 1940 an Ulrich Modersohn schrieb, ist verständlich. Denn Berlin war längst nicht mehr die glitzernde Metropole mit der Verheißung von Kunst, Kultur und Glamour. Berlin litt vielmehr unter den Bombardements der Alliierten, die alle in Angst und Schrecken versetzten, egal, auf welcher Seite sie standen.

Der Tod wurde zum täglichen Begleiter. Wobei der Krieg auch Bindungen durchtrennte, vor allem, wenn Menschen in verschiedenen Ländern lebten. Der letzte Kontakt zwischen Cato und John Hall, ihrem Verlobten in England, lag nun schon zwei Jahre zurück. 1940 lernte Cato Heinz Strelow näher kennen, Lyriker, Kommunist, der schon als junger Mann mit seiner Mutter die Familie Bontjes van Beek in Fischerhude besucht hatte. Das Verhältnis zwischen Cato und Strelow stieß bei Olga auf heftige Ablehnung. Sie störte sich vor allem daran, dass er verheiratet war. Außerdem war Cato mit John Hall verlobt. Olga hatte Strelow als Jüngling in Fischerhude erlebt und ihn nicht als sympathisch empfunden. Die enge Beziehung zwischen Mutter und Tochter wurde auf eine harte Zerreißprobe gestellt.

Abb. oben: Lam im Bayerischen Wald; Abb. links: Cato im Bayerischen Wald, August 1942; Abb. u. links: Catos handschriftliche Notierung der Melodie des Schlagers »Isn't it romantic«; Abb. u. rechts: Tim, Maria, August Winkhaus (ein Freund), Marianne, Cato, um 1941

Berlin-Charlottenburg, Kaiserdamm 22,
12. Oktober 1940

Lieber Ulrich,
von Frl. Eißler hörte ich die traurige Nachricht, dass Du keinen Urlaub bekommst. Wie schade, ich freute mich schon darauf, Dich in Fischerhude zu sehen. Heute Mittag kamen Mama und ich in Berlin an.
Dies soll nur ein kurzer Geburtstagsgruß sein. Also, lieber Ulrich, ich wünsche Dir alles Gute, alles, was man einem Soldaten wünscht, und noch viel mehr darüber hinaus. Ich hoffe, dass es Dir gut geht. …
Der Abschied von Fischerhude ist mir dieses Mal sehr schwer gefallen. Alles war dort so wunderschön und hier fängt das Leben in diesem Steinmeer wieder an, in diesem furchtbar engen. Aber auf die Arbeit in der Werkstatt freue ich mich – es gibt sonst nur so viele unangenehme Sachen in der Stadt. Es ist aber das Beste, man benutzt alles Gute, das hilft einem auch weiter. Ich bin heute Abend sehr müde, darum entschuldige den kurzen Brief.
Bald schreibe ich mehr. Herzlichst Deine Dodo.

Berlin-Charlottenburg, Kaiserdamm 22,
17. Oktober 1940

Lieber Christian,
nun bist Du schon wieder so lange fort und ich auch wieder hier in Berlin. Zu allererst will ich Dir zum Geburtstag gratulieren. Allerherzlichst! Hoffentlich geht es Dir gut; was wünscht man nicht alles einem Soldaten; ich wünsche Dir all das und noch viel, viel mehr darüber hinaus.
Fischerhude war in den letzten Tagen noch so bezaubernd schön, dass mir der Abschied doch sehr schwer fiel.
Ganz zuletzt ging ich mit Mama noch einmal ins Moor, es war kurz vor Sonnenuntergang und Du kannst Dir denken, wie schön

die herbstliche Landschaft beleuchtet war. Nachher spielte uns Tim noch auf der Orgel vor.
Jetzt ist das alles aus und ein neues Leben fängt wieder an. Meme und ich wohnen zusammen am Kaiserdamm[75], das wird ganz nett werden. Heute Nacht schlafe ich noch bei Schultzes[76]. Du musst diesen kurzen Brief entschuldigen, aber erstens kann jeden Moment die Sirene heulen und zweitens bin ich sehr müde. Wenn ich hier wieder Fuß gefasst habe, schreibe ich mehr. Dies soll nur ein kurzer Geburtstagsgruß sein.
Hol' Di munter! Herzlichst Deine Dodo

Den erneuten Wechsel nach Berlin empfand Cato als eine Last. Der Kriegsalltag mit der ständigen Gefahr von Luftangriffen der Alliierten, aber auch die häusliche Situation in der Wohnung ihres Vaters am Kaiserdamm – all das machte ihr zu schaffen. Zwischen Rahel und Jan Bontjes van Beek eskalierten Spannungen manchmal zu einem offenen Streit. Zum Schreiben von Briefen blieb nur noch wenig Zeit.

Im Frühjahr 1941 war Tim, an den sich der folgende Brief richtet, noch Schüler der Internatsschule Salem, wo er vor allem seine musikalische Ausbildung fortsetzte. Er wollte unbedingt Pianist werden. Die Chancen standen allerdings nicht besonders gut. Die Nationalsozialisten versuchten, die ehemalige Reichsabtei der Gemeinde Salem unweit des Bodensees unter ihre Kontrolle zu bringen, was ihnen im Laufe des Jahres 1941 auch gelang. Zeitweise wurde Salem geschlossen, sodass Tim sich häufiger als geplant wieder in Fischerhude aufhielt. Außerdem musste er damit rechnen, gleich nach dem Abitur eingezogen zu werden.

75 Wohnung von Rahel und Jan Bontjes van Beek.

76 Die Wohnung von Jossie und Hans Schultze-Ritter lag in der Bismarckstraße.

Berlin-Charlottenburg 9, Kaiserdamm 22,
25. März 1941

Mein lieber Tim,
schon seit Wochen nehme ich mir tagtäglich vor, Dir zu schreiben. Gerade leg ich mich aufs Sofa und da sprang ich auf mit dem festen Entschluss, Dir zu schreiben. Ich glaube, ich habe höchstens vier Briefe seit Weihnachten geschrieben. Es ging einfach nicht, es war eine innere Lähmung, hoffentlich verlier ich das bald wieder.
Wie geht es Dir? Ist Deine Schule noch geschlossen? Hoffentlich habt Ihr ruhigere Nächte. Sonntag war es hier ganz amüsant. Gestern Abend war ich mit Hannes Lange[77] und dessen Vetter im Kabarett der Komiker[78]. Wir haben uns stinkgelangweilt. Es war einfach grauenvoll. Ich habe mich direkt geschämt für die Vortragenden. Es ist direkt erstickend, wenn man in

77 Hannes Lange, Medizinstudent, enger Freund von Cato.

78 Das Kabarett der Komiker / KadeKo war 1928 von Kurt Robitschek gegründet worden. Robitschek musste die Leitung 1933 abgeben und emigrierte über Wien in die USA. Sein Nachfolger Willi Schaeffers verzichtete weitgehend auf politische Witze, sodass das Programm zumeist in seichte Unterhaltung abflachte.

Abb.: Tim, Mietje, Cato, Peter Gorski (späterer Lebensgefährte und Adoptivsohn von Gustaf Gründgens), um 1940

einem Saal sitzt mit Menschen, die sich fast umbringen vor Lachen über saudumme Witze und man selbst kann keine Miene verziehen.
Hast Du viel gelesen? Ich lese jetzt immer den französischen Schriftsteller Jean Giono. Das Buch, das ich augenblicklich von ihm lese, »Das Lied der Welt«[79] (Le Chant du monde), ist ganz wunderbar.
Hier ist es jetzt ganz kalt, gar keine Spur von einem Frühling. Ich habe mir Fliederzweige geklaut und sie in eine Vase gesteckt. Von Tag zu Tag werden die Knospen dicker, es kommen schon die ersten grünen Blätter.
Rali war acht Tage bei den Kindern im Riesengebirge. Alle laufen Ski, Digne[80] holt auf Skiern mit der Markttasche ein . Ich möchte sie mal wieder sehen, bald habe ich sie ein volles Jahr nicht mehr gesehen.
Wie geht es der Familie, hat Fritz[81] noch Zahnweh? Der Arme! Ich möchte so gern wieder nach Fischerhude. Die olle schiet Stadt.
Lieber Tim, wenn Du wieder nach Salem[82] fährst, musst Du unbedingt über Berlin fahren? Verstandez-vous? Meme und ich sind sonst ganz schrecklich traurig ...

79 Jean Giono (1895-1970), »Lied der Welt«, 1934.

80 Wegen der ständigen Luftangriffe waren die Kinder von Rahel (Rali) und Jan Bontjes van Beek, ähnlich wie viele andere Kinder und Jugendliche, aus Berlin in Regionen gebracht worden, wo die Lage sicher schien.

81 Fritz Schmidt, der Mann von Haina Schmidt-Breling, Catos Tante. Im Ersten Weltkrieg war Schmidt Obermaat und damit Vorgesetzter von Jan Bontjes van Beek gewesen. Beide hatten sich in Emden meuternden Matrosen angeschlossen. Und beide zog es nach Worpswede in den »Barkenhoff«, die von Heinrich Vogeler gegründete Kommune, und schließlich nach Fischerhude. Fritz Schmidt war Elektrotechniker von Beruf und unterstützte Amelie Breling bei der Arbeit in der Töpferei. Nach der Scheidung von Olga und Jan war Schmidt auch eine Art Vaterersatz für die drei Kinder Cato, Tim und Mietje.

82 Internatsschule, die Tim Bontjes van Beek besuchte.

Briefe schreiben ist nicht mehr meine starke Seite. Nimm es mir nicht übel.
Sei umarmt und geküsst von Deiner Dodo.

Berlin-Charlottenburg 9, Kaiserdamm 22,
17. April 1941

Meine liebe Mama,
recht herzlichen Dank für Deine Ostergrüße. Wie habt Ihr alle es gefeiert? Wie gerne wären Meme und ich auch in Fischerhude gewesen. Wir haben es aber auch sehr nett gehabt. Am Sonnabend spät kam noch Hannes[83] *und da haben wir bis morgens um 3 Uhr Ostereier bemalt. …*
Augenblicklich sitze ich in der Werkstatt. Es ist gleich 1 Uhr nachts. Ich brenne den Doppelofen. Eben war ich beim Portier und habe mir etwas Wasser geholt, da hier die Leitung abgestellt ist, und da hörte ich, dass es Voralarm ist. Ich habe gleich in der Bismarckstraße angerufen. Papa schläft hinten in seinem Zimmer. Warum, weiß ich auch nicht. Die Sirene heult schon!! Ich erschrecke mich immer so. Hier ist es aber auch ganz besonders gemein.
Jetzt ist es 4 Uhr. Der Alarm vorbei. Meme rief gerade an. Eine Bombe fiel 30 Meter von unserem Hause. Sie leben alle – Meme und Emma[84]*. Rali ist noch im Gebirge und kommt morgen. Eine Fensterscheibe ist in der Küche kaputt. Näheres weiß ich nicht. Bei uns hier auf dem Tegelerweg*[85] *hat es kaum geschossen, ich habe sogar gepennt. Meme schien aber ziemlich aufgeregt zu sein.*
Hattet Ihr immer ruhige Nächte? Wenn doch bloß erst alles vorüber wäre. Bald kann man es nicht mehr aushalten.

83 Hannes Lange.

84 Emma Breling, Catos Tante, die sich in Berlin aufhielt.

85 Adresse der Keramikkwerkstatt in Berlin.

Grüße alle. Es ist so spät, ich kann nicht mehr denken.
Es küsst Dich vielmals Deine Dodo.

Im folgenden Brief an ihre Tante Amelie Breling deutet Cato – nicht zum ersten Mal – an, sie werde Berlin verlassen und nach Fischerhude zurückkehren, um dort die Töpferei zu übernehmen. Sie wollte ihre Tante davon überzeugen, sich mehr Ruhe zu gönnen. Amelie Breling war Jahrgang 1876 und durch die Keramikwerkstatt, ihre eigene künstlerische Arbeit und die ständige Sorge um das Einkommen für die ganze Familie stark gefordert. Offenbar hatte sie jetzt auch noch eine Arbeitskraft verloren.

17. April 1941

Meine liebe Amelie,
wie furchtbar, dass man Dir den Willy genommen hat. Hast Du gar keine Aussicht, ihn wieder zu bekommen oder eine andere Kraft? Wie gerne möchte ich kommen, aber, liebe Amelie, es geht nicht. Denke Dir, die Braunheid geht zum ersten Mai, und da kann ich schon gar nicht weg. Wenn ich aber genug kann – richtig drehen –, dann komm' ich für ganz und sag' Berlin Adieu. Es geht mir jetzt mit meinen Beinen schon viel, viel besser. Es ist direkt erstaunlich, was meine Masseuse daraus gemacht hat. Ich glaube, ich wage mich jetzt sogar an die Scheibe, damit ich da weiterkomme. Früher war ich abends immer tot. Jetzt habe ich ganz selten abends noch Schmerzen, auch wenn ich angestrengt gearbeitet habe. Ich bin ganz überglücklich.
Wie geht es Dir gesundheitlich? Liebe Amelie, rege Dich wenig auf. Wir müssen alle durch diesen Schlamassel mit halbwegs guten Nerven. Wir werden noch einmal gebraucht. Es ist alles furchtbar und schrecklich.

Jetzt fängt es auch hier an, warm zu werden.
Viele Küsse sendet Dir
Deine Dodo.

Berlin-Charlottenburg, 10. Mai 1941

Lieber Igel[86]*,*
ich wollte Dir schon immer ein paar von diesen Karten schicken. Gestern war ich in der Buchhandlung, die diese Karten hat, und kaufte mir auch eine Mappe mit 30 Lithografien von van Gogh. Es sind ganz unbekannte von ihm dabei, die Du nie für van Gogh halten würdest. Gebe Hans und Johnny auch eine von mir, die übrigen schenkt Dir Hannes Lange. Heute Abend ist Helmut Schmidt bei uns. Seit Jahren einmal wieder in Zivil.[87] *Deinen Brief haben wir alle gelesen. Es geht Dir also gut – wie schön. Tim, bald mehr. Ich will Dir nur für heute die Karten schicken.*
Viele Küsse
Deine Dodo

Einen Tag nach dem Überfall der deutschen Wehrmacht auf die Sowjetunion schrieb Cato an ihre Tante Louise Modersohn, genannt Lolo. Mit dem Satz »Sicher werden die Russen bald kommen« deutete sie an, dass sie mit einer Niederlage Deutschlands rechnete – und das im Sommer 1941, als viele Deutsche noch unter dem Eindruck der Siegesserie an der Westfront standen und mittlerweile der Wehrmacht alles zutrauten, selbst einen Sieg über Russland. Nur wenige Monate

86 Ihren Bruder Tim nannte Cato gelegentlich Igel. Jan nannte Cato seinen »Puma« und Mietje sein »Häschen«.

87 Bei einem seiner vorausgegangenen Besuche war der Leutnant Helmut Schmidt in Uniform erschienen und wurde ersucht, sich umzuziehen und zivile Kleider zu tragen, weil die Wehrmachtsuniform im Kreis der Regimegegner als Provokation empfunden wurde.

vergingen, bis deutsche Truppen, die auf einen Winterkrieg nicht vorbereitet waren, vor den Toren Moskaus im Schnee stecken blieben und in der Folge in eine ausweglose Situation gerieten.

Berlin-Charlottenburg, Kaiserdamm 22,
23. Juni 1941

Meine liebe Lolo,
habe recht herzlichen Dank für Deinen lieben Brief. Ich antworte Dir jetzt erst und muss mich deshalb erst bei Dir entschuldigen. Ich habe in der letzten Zeit sehr wenig oder gar nicht geschrieben. Es war wie eine innere Lähmung, aber ich spüre, dass ich sie jetzt allmählich überwinden werde.
Ich sitze augenblicklich in der Werkstatt und brenne zwei Öfen. Es ist gleich 1 Uhr nachts und eigentlich warte ich auf die Luftschutzsirene. Sicher werden die Russen bald kommen. Heute Vormittag war Voralarm. Jetzt zieht sich der Krieg immer weiter in die Länge. Man kann alles kaum fassen, trotzdem es vorauszusehen war. Jetzt fängt es erst an, interessant zu werden. Wo sind Ulrich und Christian? Gelten ihre alten Feldpostnummern noch? Ich möchte ihnen so gern schreiben.
Eigentlich wollte ich auch zu Dir im Sommer kommen, aber die ganze Bismarckstraße[88] *fährt ja zu Dir und das wird zu viel, erstens für Dich und dann auch für mich. Jetzt habe ich mich entschlossen, mit meiner Freundin Sibylle*[89]*, die auch bei uns in der Werkstatt arbeitet, eine Wanderung durch Süddeutschland zu machen oder vielleicht durch einen Teil in Süddeutschland. Wir fahren sicher in die Gegend von Passau. Ich kenne ja noch viel zu wenig von Deutschland, und deshalb habe ich mich ent-*

88 Mit Bismarckstraße ist die Familie Schultze-Ritter gemeint.

89 Sibylle Budde, Mitarbeiterin in der Keramikwerkstatt, mit Cato befreundet.

schlossen, nicht nach Fischerhude zu fahren, so schwer es mir auch einesteils fällt. Ria schrieb uns vorgestern, dass acht Bomben ganz in der Nähe von Fischerhude gefallen sind. Bei den großen Blanken ist das ganze Dach von dem großen Luftdruck abgedeckt. In Bremen war es in der Nacht nicht so schlimm.
Das Buch von Bock[90] *werde ich Emma*[91] *mitgeben. Sie ist doch die Erste, die zu Dir fährt, nicht wahr? Die ganze Christengemeinschaft hier in Berlin ist verboten, fast alle Priester sind verhaftet.*[92]
Augenblicklich lese ich ein sehr interessantes Buch über Francois Villon[93]*. Sehr interessant ist das damalige Frankreich – kurz nach dem 100-jährigen Krieg mit England*[94] *– beschrieben. Villon wurde in dem Jahr geboren, als die Jeanne d'Arc verbrannt wurde.*
Hast Du mal etwas von Arthur Rimbaud[95] *gelesen? Über den las ich jetzt auch ein sehr schönes Buch. Es heißt »Das trun-*

90 Emil Bock, »Urchristentum I – Cäsaren und Apostel«, 1939.

91 Emma Breling.

92 Was Cato genau meint, ist nicht ganz klar. Verhaftungen von Priestern und Pfarrern gab es immer wieder, sofern sie sich gegen das NS-Regime stellten. Aber es handelte sich um Einzelfälle. Die Institution Kirche setzte auf das Reichskonkordat vom Juli 1933 zwischen dem Deutschen Reich und dem Vatikan, das der Kirche einen gewissen Schutz gegen staatliche Eingriffe bot.

93 François Villon (1431-1463).

94 Hundertjähriger Krieg zwischen England und Frankreich (1337-1453); der Begriff wurde später von Historikern verwendet, und zwar für eine lange Epoche kriegerischer Auseinandersetzungen, in der englische Herrscher versuchten, mit Gewalt ihren Anspruch auf den französischen Thron durchzusetzen. Im Ergebnis entstanden zwei Staaten, die stets auf ihre Souveränität und ihr Nationalgefühl bedacht waren.

95 Arthur Rimbaud (1854-1891), französischer Dichter.

kene Schiff« und ist von Enid Starkie[96] geschrieben. Ich weiß nicht, ob sie Engländerin oder Amerikanerin ist. … Kennst Du den französischen Schriftsteller Jean Giono? Von dem habe ich auch herrliche Bücher gelesen. Ich lerne jetzt erst richtig die französische Literatur kennen. Liebe Lolo, entschuldige die Schrift und den Briefstil, es ist mittlerweile sechs Uhr geworden und ich sehne mich nach meinem Bett.
Viele herzliche Grüße, Deine Dodo.
Liebe Lolo, ich habe noch eine Bitte. Ein Freund von mir, ein Medizinstudent, der einen kostbaren Schatz an Büchern hat, hat diese in Kisten verpackt und möchte sie aus Berlin herausschaffen. Eigentlich wollten wir sie nach Fischerhude schicken, aber da ist es ja ebenso unsicher wie hier. Nun habe ich an Deinen sicheren Gailenberg gedacht. Könntest Du diese zwei oder drei – nicht sehr großen Kisten – bei Dir unterbringen? Hannes hat sehr Angst um sie, weil sie sein ein und alles sind. Liebe Lolo, kannst Du mir darüber bald schreiben? Herzlichst Deine D.

Die Brennöfen in der Werkstatt ihres Vaters mussten auch nachts beheizt werden, damit die Tongefäße die nötige Festigkeit erhielten. Cato nutzte die Stunden, in denen sie den Brand überwachte, zum Lesen und zum Schreiben von Briefen.

Dass Cato sich ausgerechnet in französische Autoren wie Villon und Rimbaud vertiefte, ist kein Zufall. Diese Schriftsteller standen im Widerspruch zu den Herrschenden ihrer Zeit, verspotteten sie und forderten sie heraus. Ihr Lebenswandel ging in keiner Weise konform mit den gesellschaft-

96 Enid Starkie (1897-1970), irische Literaturwissenschaftlerin und Autorin, promovierte über Rimbaud, lehrte in England und schrieb u. a. das Buch »Das trunkene Schiff. Das Leben des Jean Arthur Rimbaud«, das 1938 erstmals auf Deutsch erschien.

lichen Normen. Auch Cato lebte im nationalsozialistischen Deutschland mit ihrem Freundeskreis und ihrem literarischen Kosmos gegen die Zeit. Im Sommer 1941 begannen sie und ihre Schwester Mietje, französischen Kriegsgefangenen, die mit der Berliner S-Bahn zur Arbeit in Grunewald gebracht wurden, beim Zugwechsel am Bahnhof Westkreuz etwas zuzustecken. Das war selbstverständlich streng verboten.

Mietje Bontjes van Beek hat geschildert, wie der Kontakt zustande kam:

»Beim Einsteigen konnte man es immer einrichten, sich unbeobachtet unter die Gefangenen zu mischen. Dies musste stets schnell geschehen und dauerte nur ein paar Sekunden. Der Zug hielt an, man ließ einige Leute aussteigen, wartete kurz und sprang aus dem Abteil auf den Bahnhof, wo die Gefangenen bereits vorüberzogen.

Mit gespielter Eile drängelte man sich durch einen Trupp, übergab einen Zettel oder nahm blitzschnell einen Brief entgegen und hastete dem Ausgang zu.«[97]

Die riskante Aktion zog sich über Wochen hin. Dabei wanderten alle möglichen Dinge – Zigaretten, Feuerzeuge, Seife, auch Schmerztabletten und Nähgarn – in die Taschen der Gefangenen, die sich mit hastig beschriebenen Zetteln bedankten. Im Januar 1985 begegneten sich Mietje und einer der ehemaligen Kriegsgefangenen im Rahmen einer französischen Fernsehsendung mit dem Titel »Au nom de l'amour« erstmals wieder.

Berlin-Charlottenburg, Kaiserdamm 22, 29. Juni 1941

Mein lieber Tim,

(...)

Hier war es sehr heiß in den letzten Tagen. Hinter der Werkstatt ist ein Kanal, dort baden wir viel. Das Wasser ist zwar nicht sehr sauber, aber hinterher spritzen wir uns mit dem Schlauch ab. Ich arbeite auch fast den ganzen Tag draußen.

Wie ich gestern eifersüchtig auf Meme war, das kannst Du Dir nicht denken. Sie fuhr doch ab nach Fischerhude. Sechs ganze Wochen. Mein Gott – diese Scheißstadt.

Weißt Du Tim, ich tauge eigentlich nicht fürs Arbeiten. Ich könnte am liebsten immer vor mich hin träumen und dösen. ... Ich möchte irgendwo ganz allein sein – nur noch mit dem Dschuang-Dse oder Lao-Tse in den 14 Tagen, die ich Jahresurlaub bekomme. Vierzehn Tage ist doch eigentlich gar nichts. Vielleicht fahre ich mit Sibylle[98] nach Passau, vielleicht trennen wir uns unterwegs, wenn wir genug von einander haben und gerne allein sein möchten. But that's all very much in the air.

97 Mietje Bontjes van Beek, »Verbrennt diese Briefe«, S. 79f.

98 Sibylle Budde.

Abb.: Cato, Hannes Lange, Mietje und Jan in der Berliner Keramikwerkstatt, 1941

Ich soll Dir von Hannes Lange ein Buch schicken von Albert Schweitzer über französische und deutsche Orgelbaukunst und Orgelkunst[99]. *Es wird Dich sicher interessieren.*
Wann werden wir uns mal wieder sehen? Willst Du von Salem mit dem Rad nach Fischerhude fahren? Fahr doch mit einem kleinen Abstecher über Berlin.
(...)
Lieber Igel, schreibe mir, wenn du kannst, bald wieder. Ich schicke Dir das Buch, ein paar Zeichenblöcke und Filme bald.
Viele Grüße und Küsse
Deine Dodo

In fast jedem ihrer Briefe aus Berlin berichtet Cato über nächtlichen Fliegeralarm. Die deutsche Luftwaffe hatte den alliierten Geschwadern kaum noch etwas entgegenzusetzen. Und am Boden war die Luftabwehr viel zu schwach, um die Flächenbombardements zu stoppen. Verständlicherweise nahm die innere Unruhe, über die Cato klagt, weiter zu.

Berlin-Charlottenburg 9, Kaiserdamm 22,
Sonntag, 3. August 1941

Meine liebe Mama,
ganz allein sitze ich jetzt in der Bude. Ein schönes Gefühl. Rali fuhr heute Morgen nach Passau. Von dort fährt sie die Donau hinauf. Vielleicht bis Wien. Später fährt sie zu den Kindern, sie wird über vier Wochen fortbleiben.
Wie geht es Dir, liebe Mama? Hast Du noch Schmerzen, oder bist Du schon aufgestanden? Du musst mir gleich darüber schreiben. Meme kommt ja morgen sicher, oder?

99 Albert Schweitzer, »Deutsche und Französische Orgelbaukunst und Orgelkunst«, Leipzig 1906 und Wiesbaden 1927.

Ich arbeite jetzt wieder feste in der Werkstatt. Ich merke aber immer mehr, dass mir die Stadt gar nicht gut bekommt. Es ging mir doch so gut in Fischerhude! Aber hier bin ich eigentlich immer nervös und von einer schrecklichen Unruhe befallen. Ich sehne mich jetzt schon wieder nach Ruhe, ich glaube, die erste Zeit ist dann immer besonders schlimm in der Stadt. Wer hat die Stadt eigentlich erfunden? Der Teufel hol' ihn!
Gestern Nacht war Alarm (von Sonnabend auf heute). Wir waren erst im Keller, Papa hat dort Krach geschlagen, weil unsere Betten eingeschlossen waren, und so sind wir wieder in unsere Betten gegangen. Es wurde sehr wenig geschossen, und die Entwarnung habe ich gar nicht mehr gehört. Jetzt wird sicher öfter Alarm sein, der Mond kommt auf und die Nächte werden länger.
Ich freue mich schon auf Meme. Wir haben uns ja schon vorgenommen, mit dem Rad viel nach draußen zu fahren. In der Werkstatt sind nun zwei Räder. Auch nach fünf Uhr wollen wir noch wegfahren, denn der Tegelersee ist nicht sehr weit von der Jungfernheide entfernt.
(...)
Vorgestern kam mein Holländer Gerhard[100] *(mit »Ch« ausgesprochen) in die Werkstatt, ganz frisch aus Holland, wo er 14 Tage war. Mir hat er englische »Ladies«-Zigaretten mitgebracht und Papa Tabak. Er soll Donnerstag zum Essen zu uns kommen, damit er einmal hier etwas Vernünftiges in den Bauch bekommt. In Holland soll es ganz schlecht mit dem Essen sein, es gibt nichts mehr.*
Liebe Mama, gute Besserung. Grüße Amelie und Tim und auch Schmidts[101]*. Ich möchte gerne wieder kommen.*
Es küsst Dich Deine Dodo

100 Die Identität von Gerhard aus den Niederlanden ist nicht bekannt.

101 Haina und Fritz Schmidt, Tante und Onkel von Cato.

In ihrem Brief vom 24. Oktober 1941 kündigt Cato an, dass sie in Berlin nach einer eigenen Wohnung sucht. Das war schon deshalb überraschend, weil sie mehrfach über die bedrückende Atmosphäre in der Reichshauptstadt und die Luftangriffe geklagt hatte, also eigentlich gar nicht in der Reichshauptstadt bleiben wollte. Doch im September 1941 hatte Cato bei ihrem Vater Libertas Schulze-Boysen kennen gelernt, die Frau von Harro Schulze-Boysen, der neben Arvid Harnack der Kopf der Widerstandsgruppe *Rote Kapelle* war. Libertas Schulze-Boysen arbeitete zunächst für die amerikanische Filmgesellschaft Metro-Goldwyn-Mayer und wechselte dann zur Bildstelle der NS-Kulturfilmzentrale, wo sie u. a. Foto- und Filmmaterial über das Kriegsgeschehen an der Ostfront bearbeitete.

Die Gruppe um den Luftwaffenoffizier Schulze-Boysen und den Wirtschaftswissenschaftler Arvid Harnack war kein fester Block aus Regimegegnern, sondern ursprünglich eher ein Kreis von Menschen mit ganz unterschiedlichen politischen Überzeugungen, die sich allerdings in ihrer Ablehnung der NS-Diktatur einig waren.

Der Angriff auf die Sowjetunion am 22. Juni 1941 und vor allem die Verfolgung von Juden in Deutschland und in den besetzten europäischen Ländern veranlassten die Widerstandsgruppe, mit eigenen Aktionen gegen das Regime vorzugehen und kriegswichtige Informationen an die Sowjetunion und die USA weiterzuleiten. Durch den Kontakt

Abb.: Cato mit Freunden im Grunewald, Oktober 1941

zu Libertas Schulze-Boysen geriet Cato direkt ins Zentrum der *Roten Kapelle*. Der Name stammte von der Gestapo, deren Fahndung nach einigen Mitgliedern der Gruppe im Herbst 1941 bereits auf Hochtouren lief. Cato dürfte ihre Beteiligung innerhalb der Widerstandsgruppe als eine Befreiung empfunden haben: Endlich traf sie auf Menschen, die nicht nur über das verbrecherische System redeten, sondern dagegen vorgingen.

Dass ihre eigene Wohnung auch konspirativen Zwecken dienen sollte, konnte sie natürlich nicht offenlegen. Die Schreibmaschine ihres Freundes Hannes Lange spielte in diesem Zusammenhang eine wichtige Rolle, etwa beim Abfassen von Flugblättern, an denen Cato schon bald mitwirkte. Libertas und Harro Schulze-Boysen dürften ihre Suche nach einer eigenen Bleibe mit »separatem Eingang« tatkräftig unterstützt haben.

Berlin-Charlottenburg 1, Tegelerweg 28/33, Freitagmittag, 24. Oktober 1941

Mein lieber, süßer Timotheus,
ich überlege immer hin und her, ob Du wohl noch in Straßburg bist? Ich war ja so unglaublich stolz[102] *auf meinen Bruder, als ich die Karte las, und wäre gern damit hausieren gegangen, doch das verbot mir mein Stolz.*
Wie geht es Dir? Was macht Dein Klavierspiel? Du warst sicher traurig über unser so langes Schweigen, aber denke Dir, ich habe in der ganzen Zeit niemandem geschrieben. Mir geht es oft so und da vernachlässige ich jeden.
Ich trage mich ernsthaft mit dem Gedanken, mir ein eigenes Zimmer zu mieten. Ich will mir nebenbei noch Geld verdienen.

102 Im Oktober hatte Tim in Salem mit zwei Mitschülern das »5. Brandenburgische Konzert« von Bach erfolgreich aufgeführt.

Zwei Mal wöchentlich würde ich Schreibereien für eine Bekannte[103] *machen, die jetzt einen Posten als Chefdramaturgin bei der Reichskulturfilmzentrale bekommen hat. Ich könnte mir so ganz gut Geld verdienen. Hannes besorgt mir eine Schreibmaschine, und so kann ich die Arbeiten bei mir machen. Auch will sie mir eine Arbeit geben; ich soll zwei englische Bücher übersetzen. Das wäre wunderbar, vorausgesetzt, dass ich es schaffe und kann. Du siehst, ich habe wieder einmal einen Sack voller Pläne. Ob ich sie durchführen kann? Ich weiß es nicht, aber ich will es versuchen.*
Paul Dierkes hat mir heute ein kleines Zimmer versprochen für 15,- mit Ofen und Gas und separatem Eingang. Es wird sicher nicht sehr groß sein, aber das macht nichts, Möbel habe ich genug, daran soll es nicht scheitern, und überhaupt ist mir ein unmöbliertes Zimmer viel lieber.
In der vorigen Woche war ich in »Petruschka« von Strawinsky. Das Königliche Ballett aus Rom gab hier ein Gastspiel[104]*. Es war sehr schön, und die Menschen haben wie irre geklatscht und gejohlt und mit den Füßen getrampelt. Ich fühlte mich viel besser, denn ich freute mich kolossal an der Begeisterung der Menschen und fühlte, dass Deutschland doch noch nicht ganz verloren sei.*
(...)
1000 Küsse,
Deine Dodo

103 Libertas Schulze-Boysen ist gemeint, die Cato in der Wohnung ihres Vaters kennenlernte.

104 Mit Italien – neben Japan Verbündeter des Deutschen Reiches – gab es kulturelle Beziehungen, die Gastspiele des Königlichen Balletts möglich machten.

Weil es zu gefährlich war, äußerte Cato sich in ihren Briefen an keiner Stelle direkt zum Widerstand. Sie weihte ihre Familie auch mündlich nicht ein. Aber manchmal ließ sie durchblicken, dass sie in einer von Krieg, Gewalt und Verzweiflung bestimmten Lage zum ersten Mal seit langer Zeit wieder Hoffnung schöpfte. In Formulierungen wie, dass »Deutschland doch nicht ganz verloren sei«, klingt das an.

Der zweite Grund für die Suche nach einer eigenen Wohnung war nicht politischer, sondern eher privater Natur. Die häusliche Atmosphäre in der Wohnung am Kaiserdamm war für Cato und ihre Schwester Mietje wegen der Auseinandersetzungen zwischen Rahel und Jan Bontjes van Beek inzwischen unerträglich geworden. Auch deswegen suchte sie nach einer eigenen Bleibe.

Berlin-Charlottenburg 1, Tegelerweg 28/33,
9. November 1941

Meine liebe Adada[105]*,*
(...)
Hier ist es jetzt bitter, bitter kalt. Der Boden – soweit man welchen sieht – hart gefroren und die Pfützen auch. In den Räumen der Werkstatt spürt man natürlich die Kälte doppelt und ich laufe herum wie ein sibirischer Jäger, bin aber auch die Einzige, die noch keinen Schnupfen und cough[106] *hatte.*
Meme hatte vor ein paar Tagen einen wunderbaren Traum. J. [107] *wäre gekommen und hätte bei ihr im Zimmer gesessen und ich schlief in einem anderen Zimmer, da ich des Nachts*

105 Amelie Breling, Catos Tante, wurde auch Adada genannt.

106 Husten.

107 John Hall.

gebrannt hatte[108]. Ganz verschlafen kam ich dann ins Zimmer und dann fingen Mama, die plötzlich auch da war, Meme, J. und ich vor Freude zu weinen an und Meme steckte ihren Kopf in den Kleiderschrank und weinte. Mich hat dieser Traum auch so ge-touched[109], dass ich immer daran denken muss. Sonnabendabend las ich ganz früh im Bett viele Briefe. Es war wunderbar – nennst Du mich nun sentimental?
Hast Du auch genug zum Lesen? Oder soll ich Dir etwas schicken? Ich habe schöne Sachen gelesen, nur komme ich wieder sehr selten dazu.
Momentan beschäftigt mich ja ganz besonders der Gedanke des Umzugs. Aber ein Zimmer habe ich noch nicht.
Es ist so verdammt schwer, eins zu bekommen. Ich möchte natürlich möglichst allein wohnen und auch mit der Wirtin nicht viel zu tun haben.
Vielleicht kann ich etwas über J. erfahren. Es geht dann über prisoners[110]. Ich muss warten, vielleicht geht es wirklich, das wäre gar nicht auszudenken. Ich habe ja so eine Sehnsucht nach Allen dort. Wenn doch erst alles vorüber wäre.
Wo werden wir wohl Weihnachten sein? Meme und ich möchten gern nach Fischerhude fahren und Hannes kommt dann auch mit.
(...)
Sei Du tausendmal umarmt und geküsst und noch einmal vielen Dank für die Päckchen,
Deine Dodo

108 Brennöfen mit den Tongefäßen überwachen.

109 Berührt.

110 Seit dem Überfall auf Polen am 1. September 1939 befanden sich Großbritannien und Deutschland im Kriegszustand. Möglicherweise verfügte die *Rote Kapelle*, die versuchte, Juden und andere NS-Verfolgte im Ausland in Sicherheit zu bringen, über Kanäle nach England, die Cato nutzen wollte.

Am 14. November 1941 feierte Cato ihren 21. Geburtstag in Berlin mit einer großen Party und zahlreichen Gästen auch aus dem Ausland. Im Brief an ihre Mutter berichtete Cato nach der Schilderung der ausgedehnten Feier fast noch im gleichen Atemzug, was sie bedrückte und umtrieb. Durch Libertas Schulze-Boysen und andere Anhänger der Widerstandsgruppe gelangte sie nun an Informationen über Taten, die sie bis dahin nicht für möglich gehalten hatte. Erst jetzt gewann sie eine Ahnung vom Ausmaß nationalsozialistischer Verbrechen, von Mordaktionen, Massenerschießungen und unbeschreiblichen Grausamkeiten, die ihr fast den Verstand raubten.

Berlin-Charlottenburg 1, Tegelerweg 28/33,
27. November 1941

Meine liebe Mama,
1000 Dank für Dein Päckchen. Ich habe mich so über alles gefreut, den witten Stuten[111] *haben Meme und ich natürlich im Nu weggeputzt. Mein Geburtstag war schön. Nachts um zwölf fing es schon an, mit Kerzenlicht und Pergolesi-Musik.*
Gestern Vormittag telefonierte ich mit Jossie[112] *und sie erzählte mir, dass Du die Absicht hast, bis Donnerstag in Fischerhude zu bleiben. Das ist ja wunderbar, denn dann sehen wir uns zu Weihnachten. Das ist ganz herrlich!*
Wie ich mich darauf freue. Hannes sagte mir, dass er sich entschlossen hätte, doch nicht mitzukommen, denn er wird dort nicht arbeiten können – wir werden so viel Schlittschuh laufen. Bis zum Physikum Ostern muss er noch sehr viel arbeiten.
Ich werde entweder am 23. oder 24. kommen und dann bis zum 5. oder 6. Januar bleiben. Wie herrlich, dass ich noch acht Tage

111 Weißbrot.

112 Jossie Schultze-Ritter, Catos Tante.

Ferien habe. Papa will sie mir natürlich nicht geben, aber ich will es dann als unbezahlten Urlaub haben.
Rali fuhr für das Wochenende nach Halle und wurde dort krank und liegt jetzt noch. Sie wird wohl kaum in dieser Woche zurück sein.
Meme und ich hatten am Sonnabend eine 20 bis 25 Personen große Gesellschaft. Wir haben die Leute alle eingeladen. Am nettesten war ein Türke, Dr. Assin. Wir lernten ihn eine Woche vorher bei Hans-Joachim Schlamp kennen und er gefiel uns gut und wir ihm auch. Er machte abwechselnd Meme und mir den Hof und wir beide waren sehr verliebt in ihn. Er hat so etwas kolossal Liebes in seinem Wesen und man fühlt sich geborgen und aufgehoben bei ihm. Dat weur een för di![113] *Ein Japaner war auch da, Dr. Kato, ein Freund von Hannes mit meinem Namen. Er ist Vertreter der Tokioter »Nidschi-Nidschi«-Zeitung. Theobald Ziele hat diese Zeitung doch schon oft im Radio erwähnt. Er konnte es immer auch ganz schön betonen. Ein Perser sollte noch kommen, der wiederum denselben Vornamen wie der Japaner hatte, aber er kam nicht.*
Ich wurde sehr müde so gegen vier oder fünf Uhr. Der Pascha setzte sich aufs Sofa und nahm Meme in den einen Arm und mich in den anderen und sang uns türkische Lieder vor. Rali lag derweilen mit Fieber in Halle.
Meine Gedanken kreisen momentan nur ums Essenkochen. Ich bin jetzt Haushaltsvorstand und muss für das leibliche Wohl des anspruchsvollen Papa sorgen. Das ist nicht einfach, denn in den seltensten Fällen ist er zufrieden. Aber es macht mir Spaß, manchmal – nur ganz manchmal.
Ich höre jetzt so furchtbare Dinge über das, was draußen in der Welt geschieht – nicht nur draußen weit fort, dass die Lust am Weiterleben mir manchmal vergeht. Ich bin dann immer

113 »Das wäre jemand für Dich«, schreibt Cato ihrer Mutter, die seit der Scheidung keine neue Partnerschaft eingegangen war.

so entsetzt, man kann es kaum glauben, dass solche Sachen einmal als Gedanken in menschlichen Gehirnen entstanden und dann sogar in die Tat umgesetzt wurden.
Und trotzdem soll man den Glauben – auch an die Menschen – nicht verlieren. Es gibt Gott sei Dank noch viele, viele Menschen, die gut sind und das Gleichgewicht hundertfach halten. Eigentlich müsste ein guter Gedanke oder eine gute Tat eines Menschen doch als etwas Selbstverständliches angesehen werden und nichts Besonderes sein. Aber unwillkürlich ist man gerührt, eben deshalb, weil so viel Schlechtes um uns herum geschieht.
Wie viele Menschen verhungern? Wie vielen Menschen wird ihr Hab und Gut genommen, wie vielen die Freiheit, wie viele weinen!
Kann man sich retten – geistig und körperlich? Doch es geht noch, es ist wichtig, sich zu retten, zu erhalten und das Erhaltene weiter zu bilden.
Hast Du gemalt? Du musst mir darüber schreiben und auch, wie es Dir geht.
Sei umarmt und geküsst von Deiner Dodo

Der Konflikt zwischen Rahel und ihrem Mann Jan eskalierte in den letzten Wochen des Jahres 1941. Rahel erlitt einen Zusammenbruch und wurde in ein Berliner Krankenhaus eingeliefert. Die neue Situation erforderte Catos ganze Kraft, weil sie es als ihre Aufgabe ansah, sich um Rahel zu kümmern. Aus ihren Briefen geht hervor, dass sie ihren Vater für den Konflikt verantwortlich machte. Die Auseinandersetzung hatte auch zur Folge, dass sie und ihre Schwester Mietje ihren Plan, über die Feiertage nach Fischerhude zu fahren, aufgeben mussten.

19. Dezember 1941

Meine liebe Mama,
seit Wochen wollte ich Dir schreiben, aber Du wirst inzwischen von Adada[114] *gehört haben, was für Wochen das waren. Momentan sitze ich bei Rali im Krankenhaus*[115]*. Sie versucht etwas zu schlafen, das tut ihr gut und sie hat Schlaf bitter nötig. Tag und Nacht ist jemand bei ihr, sonst brennen die Nerven wieder durch mit ihr.*
Was ihr fehlt und wie das alles kam, das wird Amelie Dir alles sagen können. Es war für Rali die Hölle – sie hat schreckliche Qualen durchgemacht. Ich bin nun nicht mehr von ihr gewichen und habe alle Stadien mitgemacht. ... Leider können wir dann aber nicht nach Fischerhude kommen. Das schmerzt ungeheuerlich, denn die ganzen Monate haben wir uns darauf gefreut. ... Papa reizt uns nur und gestern heulten Meme und ich uns in den Schlaf. Er hatte uns abscheulich gereizt und da war es aus mit uns. Heute denke ich schon wieder ganz anders darüber. ...
(...)
Ich las ein ganz grausiges Buch von dem französischen Schriftsteller Julien Green »Adrienne Mesurat«[116]*. Adrienne ist eine Wahnsinnige, ein Mädchen von 18 Jahren. Das Buch ist voller Spannungen. Wunderbar, wie fallender Regen geschildert wird und, wie er ins Haar fällt und die Stimmung, die daraus wächst. Mama, leb wohl! Ich will stark sein und nicht viel von meiner Traurigkeit erzählen. Sei umarmt von Deiner Dodo*

114 Amelie Breling, Catos Tante.

115 Woran Rahel Bontjes van Beek erkrankt war, geht aus der Schilderung von Cato nicht hervor. Wahrscheinlich handelte es sich um einen physischen und psychischen Zusammenbruch.

116 Julien Green (1900-1998), »Adrienne Mesurat«, 1927 erschienen und 1928 ins Deutsche übersetzt. Darin bringt Adrienne, Tochter eines herrschsüchtigen Vaters, ihren Erzeuger um und verfällt in einer düsteren, letztlich völlig ausweglosen Lebenssituation dem Wahnsinn.

Ihrer Freundin Annita Otterstedt, die Cato über Weihnachten in Fischerhude treffen wollte, musste sie ebenfalls mitteilen, weshalb der Besuch nicht stattfinden konnte.

20. Dezember 1941

Meine liebe Annita,
welch ein schreckliches Gewissen plagt mich! Aber wenn ich Dir erkläre, dass ich schreckliche Wochen hinter mir habe, so wirst Du verstehen, dass ich niemandem schreiben konnte. Es waren Wochen voller Sorgen und Arbeit. Momentan sitze ich im Krankenhaus an Ralis Bett. Seit Sonntagnacht um 12 Uhr liegt sie hier und ich besuche sie täglich. 14 Tage habe ich sie zu Hause gepflegt, aber ihr Zustand wurde immer schlimmer, sodass sie endlich ins Krankenhaus gebracht wurde. Sie hat Schreckliches gelitten, diese Wochen waren die Hölle für sie. Vorher war ich etwas krank – nur schwach, eine Spritze in den Arm von einem befreundeten türkischen Arzt, dem lieben Ismail Assin, hat dazu beigetragen, dass ich bald wieder genas.
Denke Du, Meme und ich sind jetzt in einen ganz orientalischen Kreis geraten. Vor ein paar Tagen haben wir eine Nacht durchgetrunken (eigentlich sollte ich »gesoffen« schreiben) mit drei Türken und einem Syrer. Ein Perser – das ist mein besonderer Freund, er hat den wohlklingenden Namen Tabatabai, war leider krank. Wenn Tabatabai Komplimente macht, dann sagt er sie Dir nie direkt, sondern erzählt Dir umständlich eine reizende Geschichte, an sich ein Gleichnis, daraus kannst Du hören, was er meint. Ich mag diese Art, die die Chinesen ja zu einer Vollendung gebracht haben, besonders gern. Er spricht schlecht Deutsch und ich unterhalte mich mit ihm viel auf Englisch. (Die Blüme ist hübsch!) Neulich stritten sich die vier Orientalen über die Freiheit der Frau. Es war eine sehr interessante Diskussion. …

Meme, Hannes und ich wir haben viel gelacht, zumal die Diskussion in gebrochenem Deutsch geführt wurde. Der eine Türke verteidigte heiß das Ein-Weib-System und der andere hatte Ansichten eines richtigen Paschas und beschwor die Vielweiberei wieder herbei. Er möchte mindestens drei Frauen haben. In der Türkei hätte er sie, denn er ist Millionär und türkischer Fürst.
Wie geht es Dir? Du wirst sicher Weihnachten zuhause sein und deshalb schicke ich diesen Brief dorthin. Er wurde in Abständen geschrieben. Zwischendurch musste ich Rali unterhalten, wenn sie nicht schlief, dann kam der Professor zur Visite oder ich musste telefonieren oder wurde angerufen. Ich warte auf Hannes, er will mich ablösen und dann bei Rali sein, da ich noch so viel zuhause zu tun habe. Essen kochen und Schlange stehen und ... Ich bin doch schon so lange Haushaltsvorstand und muss immer kochen.
Du kannst Dir denken, wie furchtbar traurig wir sind, dass wir Weihnachten nicht nach Fischerhude können. Ganz untröstlich, denn Monate lang freuten wir uns schon darauf.
Wie geht es Deinen Eltern und Änne? Grüße Sie herzlich von mir. Hast Du Nachricht von Siegfried? Ich wünsche es Dir.
Marianne heiratet jetzt bald ihren Thomas von Randow[117]*.*
Sie erwartet im März ihren Ulrich oder ihre Barbara.
Genieße die Weihnachtstage, vergesse für ein paar Stunden das Leid dieser Welt und denke an uns, die wir auch so gern in Fischerhude wären.
Ich danke Dir für Deinen Brief zum Geburtstag und sei nie bös, wenn wir nicht schreiben, es ist nie schlechter Wille.
Sei herzlich gegrüßt von Deiner alten Dodo.

117 Thomas von Randow (1921-2009), Mathematiker, Wissenschaftsjournalist. Die Ehe mit Marianne Schultze-Ritter, aus der zwei Töchter hervorgingen, wurde nach dem Krieg geschieden.

Am 7. Januar 1942 richtete Cato erstmals einen mit Schreibmaschine verfassten vierseitigen Brief an ihre Mutter. Er enthielt einige Neuigkeiten für Olga. Der häusliche Konflikt zwischen Rahel und Jan, bei dem offenbar eine weitere Frau eine Rolle spielte, war Olga durch ihre Schwester Amelie, Adada genannt, in Umrissen bekannt. Dass das Ehepaar offenbar für einige Zeit verreiste und Cato in dieser Zeit die Leitung der Werkstatt übernahm, dürfte für die Mutter neu gewesen sein.

Cato hatte inzwischen mit Hilfe von Harro Schulze-Boysen in Charlottenburg eine Zwei-Zimmer-Wohnung in der Waitzstraße gefunden. Wegen der hohen Miete wollte sie ein Zimmer dem Ehepaar Strelow überlassen. Dazu kam es jedoch nicht, denn Heinz Strelow und Cato Bontjes van Beek verliebten sich. Durch gemeinsame Aktionen der Widerstandsgruppe *Rote Kapelle* waren sie sich nähergekommen. Leidtragende war nicht nur Strelows Frau, sondern auch Hannes Lange, der sich aufgrund der seit langem bestehenden Freundschaft zu Cato Hoffnungen auf sie gemacht hatte.

Berlin-Charlottenburg, den 7. Januar 1942

Meine liebe Mama,
ich weiß nicht, der wievielte Brief dies nun ist, den ich anfange, Dir zu schreiben. Vorgestern kam ich wieder sehr weit damit, aber dann wurde ich ganz unerwartet wieder ins Krankenhaus gerufen. Nun sind alle fort. Das ist ein ganz merkwürdiges Gefühl. Die Wohnung ist ruhig und wir können aufräumen, wann es uns Spaß macht. Essenkochen ist gar kein Problem mehr und alles wird ganz einfach gehen.
Das Erste war, dass ich heute Morgen in meiner neuen Wohnung erst einmal bis 11.30 Uhr schlief und dann nicht in die Werkstatt ging, sondern alles bummelig machte. Ich komme nach diesen Wochen der Hast und Unruhe mir ganz merkwürdig vor.

Erst muss ich mich ganz furchtbar bei Dir bedanken für die schönen Geschenke. Das war eine ganz große Freude für uns beide. Wie schrecklich war doch alles in dieser letzten Zeit. Ob nun alles ruhig sein wird? Mein Gott, was hat das alles für Nerven gekostet für uns alle...
Amelie wird Dir darüber sicher auch vieles erzählt haben. Aber Du weißt es ja ebenso gut, denn wie solltest Du den Jan nicht kennen!
Wenn Rali wieder zurückkommt, dann bringt sie die Kinder mit, dies wird in ungefähr drei Monaten sein, dann hätten Meme und ich doch aus der Wohnung gemusst. Nun habe ich eine Wohnung gemietet, mit zwei Zimmern, einem Badezimmer und einer sehr netten Küche, alles zu dem irrsinnigen Preis von RM 140,--. Das ist natürlich viel zu teuer für mich, auch die Hälfte wäre noch zu teuer, und so habe ich ein Zimmer wieder abgegeben an Heinz Strelow und seine Frau, die ich beide sehr gerne mag. Die Frau von Heinz kommt erst am 1. Februar aus Hamburg und am 15. Januar nimmt Heinz Ferien und in der Zeit werde ich ganz allein die Wohnung für mich haben.
Du kannst Dir denken, wie glücklich ich bin, nun ein Zimmer zu haben, das mir ganz allein gehört. Ich glaube, ich werde ein ganz anderer Mensch werden, denn dieser Hast-Zustand der letzten Monate und besonders Wochen ging nicht mehr weiter. ...
Ich war in der letzten Zeit so nervös, dass mein Bein plötzlich ausschlug, wenn ich irgendwo eingeduselt war, auf einem Stuhl oder irgendwo sonst, und meine Hände zitterten, sobald sie nichts taten.
Jetzt bin ich für eine Weile Chef in der Werkstatt. Rali hat mir gestern im Taxi – ich holte sie vom Krankenhaus zum Bahnhof ab – noch Vollmachten erteilt. Ich werde sie auch ausnützen und mir das Leben nicht zu hastig einrichten, das tue ich nicht wieder. ...
(...)

Ein Brief mit Schreibmaschine geschrieben ist doch sehr hässlich. Entschuldige, bitte, liebe Mama, ich werde es nicht mehr machen. Ich habe heute Nacht sehr ungemütlich geschlafen. Meine Kautsch bekam gestern Abend von Hannes neue Füße, sie sind mir aber zu hoch und so federt die Matratze nicht mehr und das war sehr ungemütlich.
Kennst Du die Bücher von Ambroise Vollard[118] *über Degas, Cézanne, Renoir? Ich las jetzt das Buch über Degas und Heinz Strelow schenkte mir das über Cézanne zu Weihnachten. ... Ich werde so wunderbar leben, ich sagte gestern Abend schon zu Heinz Strelow, dass ich jeden Abend zu Hause sein werde. ...*
Ist es kalt in Fischerhude? Hier ist es eisig, und wenn Du kommst, dann musst Du Dir ganz dicke Wollsachen mitbringen. ...
Wie geht es Adada[119]*? ... Zum ersten Mal werden meine Kochkünste richtig geschätzt, denn alles, was ich koche, finden Heinz und Hannes, der auch oft mit uns isst, wunderbar, es macht richtig Spaß und sie helfen mir auch von selbst beim Abtrocknen und Kartoffelschälen. ...*
Leb wohl, liebe Mama, Kuß für Adada und 1000 Küsse Dir selbst von Deiner Dodo

Heinz Strelow, 1915 in Hamburg geboren, war Lyriker, allerdings ohne jede Aussicht, auch nur eines seiner Gedichte in Deutschland veröffentlichen zu können. Als Mitglied des Kommunistischen Jugendverbandes hatte er bereits in den 1930er-Jahren Erfahrungen im Untergrundkampf gesammelt. Wegen regimefeindlicher Aktivitäten zusammen mit anderen Jungkommunisten war Strelow 1935 ohne Gerichts-

118 Ambroise Vollard (1866-1939) französischer Kunsthändler, Galerist und Verleger.

119 Amelie Breling.

urteil in Hamburg-Fuhlsbüttel mehrere Monate inhaftiert gewesen. Olga Bontjes van Beek kannte den neuen Freund ihrer Tochter. Er hatte in den 1920er-Jahren zusammen mit seiner Mutter, die ebenfalls der KPD angehörte, das Haus in der Bredenau in Fischerhude besucht. Als Olga von der Beziehung ihrer Tochter erfuhr, äußerte sie vehement ihre Ablehnung. In einem undatierten Brief an ihren Sohn Tim schrieb die Mutter:

»Tim, es darf nicht zu einer Verbindung kommen. Wie konnte sie nur so schnell John vergessen. Das ist es, was ich ihr nicht vergessen kann. Die Haltung, und ich sehe mit offenen Augen, wie sie in ihr Unglück rennt und ihre ganze Zukunft verbaut. Dieser H. ist brutal auch noch zu allem anderen. Ich habe Szenen erlebt, die mir die Ablehnung ihm gegenüber noch verstärken.«

In einem Brief an seine Tante Amelie Breling, den Tim von Salem aus schrieb, nahm er ebenfalls zu dem Konflikt um Heinz Strelow Stellung:

»Aus der Affäre mit Dodo bin ich immer noch nicht ganz klug geworden. Mama schrieb mir einmal recht verzweifelt. Ich habe ihr dann meine Ansicht über diesen und meine Eindrücke von diesem H. Str., den ich in Berlin kennen lernte, geschrieben, worauf dann aber bald eine Karte folgte, die nur ganz kurz angab, dass es wieder im Lot sei und beide (Mama und Dodo) nach Fischerhude fahren würden.«

Zusammen mit ihrer Mutter, die sich in Berlin aufgehalten hatte, fuhr Cato Anfang März kurzfristig nach Fischerhude. Es ist anzunehmen, dass Olga Bontjes van Beek ihre Tochter in Berlin wegen ihrer Beziehung zu Heinz Strelow zur Rede gestellt und sie aufgefordert hat, zu einer weiteren Aussprache mit nach Fischerhude zu kommen. Die Abreise der beiden erfolgte jedenfalls abrupt, sodass Cato sich nicht mehr um die Wohnung ihres Vaters kümmern konnte. Ihrer Schwester Mietje, die in Berlin geblieben war, und in einem

weiteren Brief an ihren Bruder Tim versuchte Cato, die Situation zu erklären.

Fischerhude bei Bremen,
10. März 1942

Liebe Meme,
was soll ich Dir alles schreiben? Ich wusste einmal sehr viel, aber nun ist alles schon wieder wie weggerutscht. Ich sitze fast den ganzen Tag oben in unserem Zimmer und lese und schreibe und stiere nach draußen in die Birken und auf die Schneefelder, und mein Herz ist voller Trauer.
Aber ich habe mich noch nicht verändert – gar nicht, das will ich Dir nur gleich sagen.
Heute kommt wohl Mü.[120]*? Hoffentlich findet sie die Wohnung nicht allzu unordentlich – Mü. hat ein strenges Auge in solchen Dingen. Dann möchte ich Dich noch bitten, die Kartoffeln von Fräulein Witt abzuholen, damit nichts verfällt, und gehe doch auch mit dem Seifenkarton zu ihr, denn ich glaube, die Seife*

120 Die Mutter von Rahel Bontjes van Beek.

Abb.: Katja Casella (Catos Freundin), Cato, Heinz Strelow in Berlin, 1942

für den Monat Februar ist noch nicht abgeholt. Hast Du auch an das Päckchen für Rali gedacht mit Schuhen und BH und Kinderspritzen??? Entschuldige, wenn ich Dich unnötig daran erinnere.
Wie geht es Dir? Gehst Du noch zur Schule?
Ich träume jetzt des Nachts immer von Gefangenen, Heinz und Telegrammen, die Ralis Ankunft melden, und dann muss ich an die noch nicht aufgeräumte Wohnung denken.
Leb wohl, grüße Papa und Detta[121]*, und Dir selbst much love from Dodo.*

Fischerhude bei Bremen,
10. März 1942

Mein lieber Tim,
seit Sonnabend bin ich mit Mama in Fischerhude. Das war eine mehr als abenteuerliche Fahrt. Nachts gegen zwei Uhr kamen wir in Bremen an. Nächsten Sonntag muss ich leider wieder fort von hier – hinaus ins feindliche Leben. Ich werde momentan zu dringend in Berlin gebraucht, es wartet so viel Arbeit auf mich. Durch Ralis Kranksein und ihr Fortfahren bin ich eben in das ganze Geschäftsleben so hineingerutscht, dass ich mich nicht einmal hier in Fischerhude von den Gedanken an die Werkstatt befreien und loslösen kann.
Ich habe in der letzten Zeit sicher sehr vielen lieben Menschen Kummer bereitet, vielleicht werde ich es auch in Zukunft tun, ich weiß nicht. Ich weiß überhaupt gar nichts mehr, nur dass ich sehr traurig bin. Ich bin sicher sehr selbständig geworden

121 Detta gehörte wahrscheinlich zur Belegschaft der Keramikwerkstatt. Nach dem Krieg heiratete sie Hannes Lange. In ihrem Buch »Verbrennt diese Briefe« schreibt Mietje Bontjes van Beek: »Mit einer jungen Russin, Tatjana de Bellegarde, und einer jungen Deutschen, die sich Detta nannte – deren Onkel, Walter von Stein, viele Jahre in den Konzentrationslagern zubrachte –, schloss ich bald Freundschaft.« A.a.O. S. 64.

und handele auch danach. Nicht einmal Fischerhude macht mich richtig glücklich. Ich hoffte, hier Ruhe zu finden, aber ich komme mir wie ein gehetztes Wild vor.
Wenn ich Dir so lange nicht schrieb, so lag das nur an meinem verworrenen Zustand. Verworren bin ich immer noch, und so schnell werden all' die Wunden nicht heilen. Ich soll mich hier »besinnen«, und wenn ich es tue, so kreisen meine Gedanken eigentlich doch nur um einen einzigen Punkt herum, und da ist eine »Besinnung« nicht möglich, nur eine innere Prüfung, und darin sehe ich sogar einen Unterschied.
Walt Whitman[122] *– den ich im Moment wieder einmal lese – gibt mir Trost, und bei ihm finde ich sogar eine richtige Bestätigung für mein Tun und Handeln. Vielleicht sollte ich ihn doch nicht so viel lesen und gern haben.*
Ich schlafe hier viel, die Luft wirkt auch so sehr ermüdend auf mich. Ich trinke viel Milch und esse viel Eier, alles Dinge, die man in Berlin nicht haben kann. Wie geht es Dir? So lange habe ich nichts mehr von Dir gehört, Du musst mir recht bald einmal schreiben.
Gleich gehe ich nach Surheide [123]*, vielleicht finde ich dort etwas mehr Ruhe.*
Lass Dich umarmen von Deiner Dodo.

Im März 1942 befand Cato sich in einer äußert schwierigen Lage: Ihre Mutter drängte sie, sich zu »besinnen« und das Verhältnis zu Heinz Strelow zu beenden. Und beider Einsatz für die Widerstandsgruppe *Rote Kapelle* war fragwürdig geworden, weil Strelow manche Aktionen von Harro Schulze-Boysen für unüberlegt und riskant hielt. Dann waren da die

122 Cato dürfte in seinem Hauptwerk, der Gedichtsammlung »Grashalme«, gelesen haben.

123 Heide- und Moorlandschaft in Fischerhude.

Konflikte in der zweiten Ehe ihres Vaters. Und schließlich die schweren Luftangriffe auf Berlin.

Im Frühsommer 1942 kam Cato kaum noch zum Briefeschreiben. Erst im Juli wandte sie sich wieder an ihre Schwester Mietje, die unter einer schweren Rippenfellentzündung litt und deswegen Berlin verlassen hatte.

Berlin-Charlottenburg, Tegelerweg 28/33,
21. Juli 1942

Meine liebe Meme,
mein Gott, wie lang haben wir uns nicht mehr geschrieben! Wie lang ist es überhaupt her, dass ich einen Brief schreibe? Sobald ich eine Feder in die Hand nehme, wird es mir übel, ob ich nun einen Brief oder ein Gedicht schreiben will, das ist egal. My dearest Meme, wie geht es Dir jetzt? Ich denke immer so viel an Dich und wie es Dir wohl jetzt im Moment gehen mag usw. Alle Ärzte, die ich treffe, frage ich gleich, ob das normal sei, dass man bei einer wässerigen Rippenfellentzündung so lange im Bett liegt. Alle finden es überaus normal und sind nicht im Geringsten erstaunt darüber.
Könnte ich Dir doch nur einen fröhlichen Brief schreiben. Aber das fällt mir so schwer, denn wie soll ich das mit einem traurigen Herzen?
Meine ganze Hoffnung ist mein Urlaub. Hoffentlich wird dann alles besser. Ich war jetzt öfters mit Sibylle[124]*, Jorud*[125] *oder Brigitte Marcks (kennst Du Brigitte M.? Sie ist die Tochter von*

124 Sibylle Budde, Mitarbeiterin der Keramikwerkstatt und Freundin von Cato.

125 Valerie Jorud war eine jüdische Mitarbeiterin, die in Jans Werkstatt bis zu deren Zerstörung durch einen Luftangriff im November 1943 mitarbeitete. Sie kam am 22. März 1945 in Berlin bei einem Bombenangriff ums Leben.

Gerhard Marcks[126]) auf dem Wasser mit Charlys Kanadier. Aber diese wenigen Stunden sind nicht erholsam. Man liegt in der Sonne, todmüde, und wird noch schlapper und lässt sich ab und zu mal aus dem Boot ins Wasser fallen, um dort Kühlung zu suchen. Und dann kann ich mich nicht mehr so schnell umstellen, wenn ich draußen bin. Ich brauche mindestens 14 Tage, um die Natur richtig genießen zu können. Ich bekomme zuerst nur Herzklopfen und sie beunruhigt mich und dann ganz allmählich dringt sie in mich ein.

(...)

Auf dem Fabrikgrundstück von Schering sind viele Ukrainerinnen. Ich war oft mit ihnen zusammen und die Verständigung polnisch, deutsch, ukrainisch ging gut. Eine ältere Frau mit einem großen Tuch um Kopf und Schulter geht oft allein herum, während die anderen arbeiten. Sie hat Augen wie ein krankes Tier und überhaupt sieht sie wie ein krankes Tier aus. Vor ein paar Tagen traf ich sie und wünschte ihr: »dobre jen«[127]. Sie kam auf mich zu, umarmte und küsste mich auf Stirn, Wangen und Hals und zog weinend ein Couvert aus ihrem Busen und zeigte mir die Fotografie ihres malenko schurek, ihres kleinen Kindes, und ihrer matka[128]. Ein paar Worte sprach sie Deutsch und das war ein klagendes: »Nach Haus, nach Haus«. Es war alles so erschütternd, dass ich auch weinen musste mit ihr um sie, ihren Jungen und alle bedrängten Menschen.

Unter den Russinnen sieht man Frauen und Mädchen von einer selten herben Schönheit. Pascha ist meine besondere Freundin, ein Mädchen von 14 oder 15 Jahren. Sie hat ein solch bezauberndes natürliches Wesen. Die Art, wie sie spricht, geht und

126 Gerhard Marcks (1889-1981), deutscher Bildhauer und Grafiker.

127 Guten Tag!

128 Mutter.

lacht. So muss vielleicht die Braut von Novalis[129], seine Sophie, der er die meisten Hymnen an die Nacht nach ihrem frühen Tod gewidmet hat, ausgesehen haben.
Ich bin augenblicklich mit Langmichel allein in der Werkstatt. Papa ist für einige Tage nach Schreiberhau[130] gefahren. Christian eingezogen. Sibylle für zwei Tage in Halle und alle anderen in Urlaub. Ich versuche, die Wohnung noch schön herzurichten für die Zeit meiner Abwesenheit. ... Anfang Oktober bekomme ich Sibylles Wohnung für ein halbes Jahr. ... Weißt Du, eigentlich tut mir Papa auch leid. Er fühlt sich sehr unglücklich und verlassen. Ich merke das an allem. Ein liebend, treusorgend Weib kann ich ihm nicht ersetzen. Was ich tue, ist ja doch nur halbe Arbeit.
Was mag Tim nun machen[131]? Ich habe Jan nicht mehr gesprochen vor seiner Abreise wegen der Reklamation. Ich weiß nicht, wie das weiter gegangen ist. Hoffen wir, dass etwas für Tim erreicht wird. Es ist alles zu schrecklich. Ich habe nie daran gedacht, dass es Tim auch einmal betreffen würde, das lag für mich alles so fern zurück, und nun ist er auch dabei.
Kannst Du Dir vorstellen, dass ich kein Buch mehr lesen mag.

129 Novalis, eigentlich Georg Friedrich von Hardenberg (1772-1801), Schriftsteller der Frühromantik, den Cato sehr schätzte; die Verbindung von Wissenschaft und Poesie in seinen Werken mag sie angezogen haben. Mit seiner dritten Hymne an die Nacht hat Novalis seiner im Alter von 15 Jahren verstorbenen Verlobten Sophie von Kühn ein literarisches Denkmal gesetzt.

130 Schreiberhau im Riesengebirge, wo die Kinder untergebracht waren, heute Polen, Szklarska Poręba.

131 Tim Bontjes van Beek war am 18. Juli 1942 in die Königin-Olga-Kaserne in Ludwigsburg einberufen worden. Anfang August reiste er mit seiner Einheit in die Bretagne. Tim in Uniform – an diese Vorstellung musste Cato sich erst gewöhnen. Alles Militärische war dem angehenden Pianisten fremd. Vor der Hitler-Jugend hatte er sich erfolgreich gedrückt. Der Wehrmacht zu entkommen, war jedoch so gut wie unmöglich, erst recht in Kriegszeiten. Fahnenflucht wurde fast immer mit standrechtlichem Erschießen bestraft.

Ich glaube, ich habe zu viel gelesen. Wo ich war, las ich und das war falsch. Ich nehme vielleicht kein Buch mit in den Böhmerwald. Vielleicht! Wenn vielleicht doch, dann, wie Mama mir geraten hat, Stifter[132].
Ich kaufte mir für 20 Pfennig die Dichtungen von Paul Gerhardt[133]. Meme, es ist ein Labsal, dies zu lesen.

»Ich hab oft bei mir selbst gedacht,
wann ich den Lauf der Welt betracht,
ob auch das Leben dieser Erd
uns gut sei und des Mühens wert
und ob nicht der viel besser tu,
der sich fein zeitlich legt zur Ruh.« (usw.)

Nach vielen, vielen Strophen über das Jammertal legt er dann los, und dann geht es wie Peitschenhiebe auf dich nieder: »Ein Christ, der am Christentum tut kleben…«, der verzagt eben nie und verspürt nie den Wunsch, sich fein zeitlich zur Ruh zu legen. Schade, dass ich nicht mehr alle Melodien weiß, aber oft singe ich alle Verse laut im Bett.
Liebste Meme, schreibst Du mir bald einmal über Dich, wie es Dir geht und was Du denkst?
Grüße Mama, Adada und Haina und Struppi. Alle umarme ich Euch. Es küsst Dich Deine Dodo.

Cato bereitete sich innerlich auf ihren Wanderurlaub im Bayerischen Wald an der Grenze zur damaligen Tschechoslowakei vor. Davon erhoffte sie sich weitere Klarheit für ihre eigene Zukunft. Ihre erst wenige Monate zuvor ange-

132 Adalbert Stifter (1805-1868), österreichischer Schriftsteller.

133 Paul Gerhardt (1607-1676), Theologe, Kirchenmusiker. Von ihm stammen viele Kirchenlieder, die heute noch gesungen werden.

mietete Wohnung hatte sie inzwischen wieder aufgegeben. Die Gründe sind nicht bekannt. Vielleicht wollte sie, wie von der Mutter gewünscht, Abstand zu Heinz Strelow gewinnen. Das Zerwürfnis zwischen Strelow und Harro Schulze-Boysen könnte ebenfalls eine Rolle gespielt haben. Womöglich hatte Cato sich auch finanziell übernommen, zumal die erhofften Nebenverdienste ausblieben.

Im folgenden Brief berichtet sie ihrer Mutter von einem Kurzbesuch in Schreiberhau im Riesengebirge, wo Rahel Bontjes van Beek sich mit ihren Kindern aufhielt, um diese nicht weiter den Luftangriffen auf Berlin auszusetzen.

Hirschberg im Riesengebirge,
Sonntag (ohne Datum)

Meine liebe Mama,
ich bin doch ein Vagabund. Jetzt sitze ich in Hirschberg in einer Konditorei und warte auf meinen Zug, der mich wieder nach Berlin bringen soll.
Rali schrieb mir vor ein paar Tagen, sie möchte mich gerne einmal wiedersehen, und lud mich ein für ein Wochenende in Schreiberhau. Da ich Sonnabend / Sonntag nicht bootfahren konnte, entschloss ich mich, gleich diese Woche noch zu fahren. Schreiberhau erinnert mich an Worpswede in der Aufmachung. Die Landschaft ist auch dort, wenngleich der Charakter auch gänzlich anders ist, sehr schön. Ob es in Schönberg so ähnlich ist? Ich stelle es mir so vor.
Rali geht es wieder blendend und die Kinder sehen wunderbar aus. Sie sind im Charakter auch alle so famos. Ich habe Kinder ja so gern, und es war eine Freude, alle drei des Morgens in meinem Bett zu haben, wo Barent und Sebastian dann wie zwei junge Bären herumtollten. Ich glaube, ich möchte später mindestens 3-4 Bambsen haben!

Gestern Abend stieg ich mit Rali noch auf den Eulenfels, meine erste Kletterpartie – und dann um halb elf des Abends!
(...)
Meine kleine Reise hierher war für mich auch sehr fruchtbar, denn ich soll jetzt Gehaltserhöhung bekommen und auch für meinen Urlaub, den ich in diesem Jahr sehr benötige, bekomme ich Zuschuss. ...
Als ich jetzt mit dem Zug durch die Landschaften fuhr, da war ich ganz traurig, dass ich nichts gemerkt hatte in der Stadt vom Blühen der Wiesen. Ich wusste nicht, dass der Roggen schon so hoch steht und das Gras schon blüht. ...
(...)
Ich lese mit ganz großer Freude das Buch von de Coster[134] *»Tyll Ulenspiegel«. Aber man bekommt immer mehr Hunger und den Glauben an einen Fortschritt der Menschheit habe ich ganz verloren.*
Lebe wohl, grüße Meme, Adada und Haina, auch Detta!
Sei umarmt von Deiner Dodo

Am 25. Juli 1942 brach Cato zu einer dreiwöchigen Wanderung durch den Bayerischen Wald auf. Ursprünglich wollte ihre Freundin Sibylle Budde sie begleiten. Doch sie sagte in letzter Minute ab, sodass Cato sich allein auf die Reise machte. Obwohl sie fast täglich viele Stunden zu Fuß unterwegs war, fand sie Zeit zum Schreiben. Am häufigsten bedachte sie ihre Mutter Olga mit Briefen und Postkarten. Wahrscheinlich lag Cato daran, das besondere Verhältnis zu ihr, das durch ihre Beziehung zu Heinz Strelow belastet war, wiederherzustellen.

134 Charles de Coster (1827-1879), belgischer Schriftsteller. »Tyll Ulenspiegel« erschien 1910 erstmals auf Deutsch. Das Buch gilt in Belgien als eine Art Nationalepos. Es schildert auf unterhaltsame Weise den Freiheitskampf der Flamen gegen die spanischen Besatzer.

Buket bei Lam, Bayer. Wald, bei Frank,
11. August 1942

Meine liebe Mama,
wie wäre es wunderbar, wenn Du auch hier sein könntest mit mir. Lam[135] ist ein so bezaubernd schöner Ort. Wir würden einen großen Geburtstagsspaziergang machen. Da das aber nicht geht, umarme ich Dich nur in Gedanken und gebe Dir auf jede Backe ganz fest Küsse. Wie geht es Dir? Ich habe ja so lange nichts mehr von Euch gehört. Darum schreibe mir bitte gleich nach Berlin, damit ich bald Nachricht von Euch habe, wenn ich wieder dort bin. Habt Ihr gutes Wetter? Hier scheint die Sonne zum ersten Mal ganz heiß und ich lasse mich zum Abschluss noch etwas bräunen.

Ich muss Euch aber noch über den weiteren Verlauf meiner Wanderung berichten. Zuletzt schrieb ich, glaube ich, vom Berg Arber. Am nächsten Morgen wanderte ich los zum Berg Falkenstein. Die Tour dauerte von morgens um 7 Uhr bis nachmittags um 4 Uhr. Einmal fand ich so viele Himbeeren, dass ich beinahe den Weg verloren hätte. Aber in der kurzen Zeit habe ich einen guten Orientierungssinn entwickelt, sodass ich stets den richtigen Weg wiederfand. Ich hatte ja auch eine gute Karte bei mir, auf der auch der kleinste Fußweg eingezeichnet ist.

135 Luftkurort im Naturpark Oberer Bayerischer Wald.

Abb.: Cato im Bayerischen Wald, August 1942

Oben auf der Schutzhütte wurde ich mit großem Hallo von der Wirtin und einem Soldaten vom Rachel[136] *empfangen. Sie hatten schon geglaubt, ich würde nicht mehr kommen. Aber der Herr Pfarrvikar hatte mir den Falkenstein besonders empfohlen. Er ist auch wunderbar. Es gibt dort in der Nähe auch ein Naturschutzgebiet, das sog. »Höllbach-Gespreng«*[137] *mit reinstem Urwald, gewaltigen Felsen und Wasserfällen.*
Der Soldat vom Rachel, der zufällig auch auf dem Falkenstein war, forderte mich auf, mit ihm ins Höllbach-Gespreng zu gehen. Wir sind dann auf den Felsen herumgeklettert, auf umgefallenen Baumstämmen über die Fälle gelaufen oder gekrochen. Allein hätte ich diesen Urwald in seiner ganzen Schönheit nie so kennengelernt. Aber zusammen mit diesem Soldaten, der sich ausgesprochen kameradschaftlich und korrekt benahm, hatte ich gar keine Furcht.
Ich kann die Schönheit dieses Höllbach-Gesprengs gar nicht beschreiben, es war das Schönste – oder das Wildeste – an der ganzen Tour. Einmal saßen wir auf einem Felsvorsprung, wie auf einem Steinadlerhorst. Trotzdem der Soldat nur ein ganz einfacher Arbeiter war, habe ich selten einen Menschen gesehen, der einem so große Freude bei der kleinsten Blume und jedem Grashalm zeigte. Er schenkte mir noch 300 Gramm Fleischmarken und 1050 Gramm Brotmarken. Du kannst Dir denken, wie gut ich die gebrauchen kann. Am nächsten Morgen wanderte ich um 7 Uhr weiter …
(…)
Am Sonnabendnachmittag fahre ich hier um halb zwei Uhr fort und bin dann am Sonntagvormittag um halb 9 Uhr in Berlin.

136 Höchster Berg im Nationalpark Bayerischer Wald.

137 Das Höllbach-Gespreng gehört zum Naturpark Bayerischer Wald und liegt unweit der tschechischen Grenze. Der Böhmerwald, den Cato ebenfalls erwähnt, erstreckt sich als Bergkette auf einer Länge von 50 Kilometern entlang der deutsch-tschechisch-österreichischen Grenze. Buket liegt wie Lam im Naturpark Oberer Bayerischer Wald.

Platz werde ich bestimmt in dem D-Zug bekommen, der aus München kommt und in Straubing um 0.06 abfährt. Ich kann dann sicher die Nacht hindurch schlafen.
Heute Nacht habe ich geträumt, ich hätte noch einen Abstecher nach Fischerhude gemacht. Schön wäre es ja! Es war wirklich alles sehr schön. Die meiste Zeit war ich ja allein im Wald. Nur ganz selten traf ich Menschen unterwegs. Manchmal lief ich sieben bis acht Stunden, ohne jemandem zu begegnen.
Die Frau, bei der ich wohne, will mir noch Blaubeeren besorgen, die ich mitnehmen will und dann für den Winter einmachen will.
Meine liebe Mama, habe einen schönen Geburtstag. Wie gerne wäre ich dabei! Geht es Meme gut? Ihr müsst mir bald schreiben. Umarme alle von mir.
Dir noch 1000 Geburtstagsküsse
Deine Dodo

Cato machte auf den Soldaten, der sie durch das Höllbach-Gespreng begleitete, einen nachhaltigen Eindruck. Wie sich erst Jahrzehnte später herausstellte, handelte es sich um den Funkmaat Gerhard Gottberg aus Hirschberg, der von seinem U-Boot-Einsatz einige Tage Heimaturlaub bekommen hatte. Cato nannte ihm lediglich ihren Kosenamen »Dodo«. Vermutlich aus Gründen der Vorsicht verschwieg sie ihre wahre Identität und auch ihren Wohnort, denn sie stand nach wie vor mit dem Widerstand in Berlin in Verbindung.

Gerhard Gottberg ließ die Erinnerung an die kurze gemeinsame Wanderung mit Cato in der unberührten Natur nicht los. In Anlehnung an »Dodo« gab er später seiner Tochter Ariane den zweiten Vornamen »Dorothea«. Erst durch die Lektüre der Erstausgabe des Buches *Cato Bontjes van Beek – »Ich habe nicht um mein Leben gebettelt«*

(Zürich-Hamburg 2003) sowie durch eine vorausgegangene Ausstellung *Fischerhuder Bilder* in Stade erhielt Gottberg Gewissheit darüber, wem er begegnet war. Am 10. Juni 2003 schrieb er einen langen Brief an Mietje und Tim Bontjes van Beek und warf ihn in den Briefkasten des Hauses In der Bredenau 55 in Fischerhude. Doch wenige Tage später, am 17. Juni 2003, verstarb Gottberg, noch bevor die Geschwister antworten konnten.

Lam, Bayerischer Wald, Buket, 12. August 1942

Liebe Annita,
nun erst, nach fast drei Wochen Ferien, kann ich wieder Briefe schreiben. Du hast mich sicher für sehr treulos gehalten. Ich kann es Dir nicht verdenken, aber glaube mir, liebe Annita, es war für mich ein Ding der Unmöglichkeit. Ich habe wirklich monatelang keinen Brief geschrieben. Nicht einmal in die Bredenau. But now I feel much better and things and life looks nicely to me. How are you? I do hope you are feeling very well. You know, I am in one of the most beautiful spots of Germany. Seit 14 Tagen wandere ich ganz allein durch den Bayerischen Wald. Ich habe so viel Schönes gesehen, und erlebt, das mich unbedingt wieder zum Menschen machen musste. Ich war auf den fünf höchsten Bergen des Bayerischen Waldes: Lusen, Rachel, Arber, Falkenstein und Osser. …
Nun bin ich in Lam, das war mein Ziel. Es ist solch ein bezaubernd schöner Ort. Leider nur sehr von Fremden überlaufen und noch dazu alles Sachsen. Ich wohne bei einer einfachen Arbeiterfrau – Quartier hätte ich in keinem Hotel mehr bekommen – außerhalb von Lam, und sehe auf den Ort von meinem Fenster aus. Die Kirche mit dem Zwiebelturm, der so lustig aussieht, ist meine ganze Liebe.
Ich ruhe mich hier von den Strapazen aus. Aber ich dachte, ich könnte lange faul sein und nichts arbeiten. Darin habe ich

mich getäuscht, das Herumsitzen, das ich nun erst zwei Tage tue, fällt mir schon gewaltig auf die Nerven. ...
But never mind, die Landschaft ist tausendmal schön. Wie geht es dir? Du bist nun also verlobt. Dass Du einmal die Erste von uns Dreien sein würdest, die sich verlobt oder verheiratet, wusste ich. Willst Du auch schon bald heiraten? Erinnerst Du Dich noch an unsere Spiele? Geza von Barinkay, Valery Shaloff und Hans Bertram[138]*? Da haben wir doch glückliche Zeiten verlebt in unserer großen Phantasiewelt.*
Oft lebe ich jetzt noch in der Phantasie, wenn man so etwas sehr stark hat, dann wird man es, glaube ich, nie los.
Liebe Annita, Du verzeihst mir, dass ich jetzt erst schreibe. Wie geht es bei Dir daheim? Ist es nicht schrecklich mit Meme[139]*? Da ich schon so lange unterwegs bin, habe ich gar keine Nachricht von Zuhause. Grüße Deine Eltern. Aenne wollte mich doch auch immer anrufen hier in Berlin. Ist sie nicht mehr hier?*
Dir, liebe Annita, und Deinem Heinrich wünsche ich viel Liebe von Deiner alten Dodo.

Einen Tag später schreibt Cato an ihre Freundin Kit Meyer. In diesem Brief geht sie offen auf die Problematik ihrer Beziehung zu Heinz Strelow ein. Und zum ersten Mal wird deutlich, dass Hannes Lange aus Enttäuschung darüber, dass Cato sich nicht ihm, sondern Strelow zugewandt hatte, versuchte, das Verhältnis der beiden zu stören. Er heiratete in der Folge Detta, aber erst nach dem Krieg.

138 Mit Fantasienamen hatten Cato Bontjes van Beek und Annita Otterstedt sich in ihren Briefen eine Zeitlang eine fiktive Welt errichtet. Vgl. Anm. 6.

139 Cato meint die schwere Rippenfellentzündung ihrer Schwester Mietje.

13. August 1942, z. Zt. Lam Buket, Bayer. Wald
c/o Frau Kathi Frank

My dear Kit[140]*,*

are you surprised to get a letter from me? It's me, Cato. I always wanted to write you.

Seit drei Wochen bin ich im Bayerischen Wald. I have got a lovely time. Running and walking through the country with a Spazierstock and a Rucksack. I've seen lots of beautiful things and met nice people. Ich fuhr von Berlin bis Passau. Welch' wunderbare Stadt! Leider war ich bloß drei Tage dort. Kannst Du Dir vorstellen, dass ich ganz allein viele, viele Kilometer zurückgelegt habe? Ich war auf den fünf höchsten Bergen des Bayerischen Waldes und sah die schönsten Städte und Dörfer des Bayerischen und Bömischen Waldes: Alles per pedes. Manchmal lief ich sieben bis acht Stunden, ohne einem Menschen zu begegnen. Z. B. von dem Berg Lusen zum Rachel, das war most exiting. Der Weg lief durch Hochmoore, Sumpf und hohes Gras. Die Grenzpfähle der tschechisch-deutschen Grenze waren meine Wegweiser. Ich lief sieben Stunden, sah keinen Menschen, hörte nicht einmal einen Vogel. Es war aber herrlich. Zum Berg Arber kam ich durch ein Naturschutzgebiet; an Wasserfällen vorbei und auf Felsen musste ich klettern. My dear, I can't describe it all, but believe me, it was all wonderful and I feel now after it much better. You know, I was not a whole Mensch any more, after I left Berlin. The last time, the last months were not very good to me. Ich habe so viel erlebt, gute Sachen, aber auch nicht schöne. You know, I fell in love with a married man. That was the whole trouble. Ein anderer Mann, der mich liebte, holte die Frau des ersten aus Hamburg und man wollte mich überraschen. Ach Kit, ich will nicht alles wieder aufwärmen, es war im Januar

140 Vermutlich kannte Cato Kit Meyer aus England, was erklären würde, warum sie in diesem Brief so oft ins Englische wechselt. Kit Meyers Mädchenname ist nicht bekannt.

und viel Wasser ist inzwischen die Themse hinuntergeflossen. Die Ehe war kaputt und ist nicht wieder zu flicken. Der Mann, der mich liebte, hat sich jetzt verheiratet. Hals über Kopf. Der Mann, den ich liebte und er mich auch, ist an allem zerbrochen, die Frau fuhr nach Österreich und arbeitet dort und ich? Ich war auch kaputt und erholte mich nur hier in der Einsamkeit. Das war die ganze Geschichte. Was nun weiter werden wird, weiß ich noch nicht. Ich möchte ihn nicht als Freund verlieren und er mich auch nicht. Ich sehe jetzt aber ganz ruhig in die Zukunft. Let things come as they come. Es war alles sehr unschön und mit der Familie hatte ich mich auch noch deswegen verkracht, da sie ganz gegen meine Handlung war. Ich habe mich in der Zeit sehr entwickelt, das kann ich direkt an mir beobachten. Vielleicht musste es alles so sein. Wenn John das alles wüsste!

Hast Du Nachricht von Ethel[141]? Liebe Kit, schreibe mir doch bitte bald. Ich würde mich sehr freuen. Wenn wir auch so lange nichts voneinander gehört haben, nicht wahr, that did not make any difference to our friendship. Dass Briefeschreiben für mich in den letzten Monaten ein Ding der Unmöglichkeit war, kannst Du begreifen. Ich habe aber so oft an Dich gedacht, wie es Dir wohl in dieser Zeit, die voller Hass ist, gehen mag. Manchmal glaube ich, es ist unmöglich weiterzuleben. Es ist unfassbar, wie viel Hass gesät wird und wie dumm das Volk ist.

Ich habe in der letzten Zeit viel gelesen. Verschiedene amerikanische Bücher, von Thornton Wilder, William Faulkner und Thomas Wolfe. Dann las ich auch ein paar Bücher von D. H. Lawrence[142], »Lady Chatterley«, »Der Regenbogen«, »Liebende

141 Gemeint ist ihre Freundin aus in Winchcombe.

142 D. H. Lawrence (1885-1930), englischer Schriftsteller. »Lady Chatterley's Lover«, 1928, ist sein bekanntestes Buch. Der Ehebruch- und Liebesroman erregte bei seinem Erscheinen einen Skandal wegen der detaillierten Darstellung von Sexualität. Die deutsche Übersetzung von »Nur der Wind ...« erschien 1936 in Berlin.

Frauen«, »Der weiße Pfau«. Ich weiß nicht, ob es mir gefällt. Sicherlich nicht restlos, trotzdem halte ich ihn für einen sehr guten Schriftsteller. Wie denkst Du über ihn? Schreibe mir darüber. Kennst Du das Buch seiner Frau, Frieda Lawrence von Richthofen, über ihn und ihre Ehe? Es heißt »Nur der Wind ...« und hat mir nicht besonders gefallen. Sie spricht zu viel über intime Dinge, dass ich mich oft für sie schämte.
Ich habe mir hierher in die Einsamkeit Walt Whitman's »Grashalme«[143] *mitgenommen. Ich bin restlos begeistert von ihm. Es ist mir alles so aus der Seele gesprochen. In vieler Hinsicht hat Whitman Ähnlichkeit mit Novalis, dem Romantiker, den ich auch sehr liebe.*
Wenn Du mal ein Buch siehst, das von dem Franzosen Alain Fournier[144] *geschrieben ist und heißt »Der große Kamerad« (franz. Titel »Le grand Meaulnes«), dann musst Du es unbedingt lesen. Es ist eines der schönsten Bücher, die ich kenne. Fournier fiel im letzten Weltkrieg (im vorigen Weltkrieg) mit 28 Jahren vor Verdun. Außer ein paar kurzen Geschichten und ein paar Gedichten schrieb er nur diesen einen Roman. Er stammt aus der Schule von Baudelaire, Rimbaud und hat viel von der Zartheit Rilkes.*
Ich wohne hier in Lam bei einer einfachen Hilfsarbeiterfrau und lerne die Küche der armen bayerischen Bevölkerung kennen. Mein Bauch ist stets mit Kartoffeln und Suppe gefüllt. Butter habe ich seit acht Tagen nicht mehr gesehen. Es gibt auch keine zu kaufen. But never mind, die Landschaft ist tollschön. Wie geht es Deinen Kindern? Ist Dein Mann in Berlin? Du musst mir bald schreiben.

143 S. Anm. 122.

144 Alain Fournier (1886-1914), französischer Schriftsteller. »Le grand Meaulnes« erschien 1913, die deutsche Übersetzung »Der große Kamerad« 1930.

Ich schrieb deshalb so klein, um Papier zu sparen, da ich hier nur noch ein paar Bogen habe.
Viele Grüße Dir und den Kindern.
Much love to you old Cato.

VIERTES KAPITEL

»Ich habe nicht um mein Leben gebettelt«

Nach dem Todesurteil: Zwischen Hoffen und Bangen

Abb.: Cato, 1942

Gestapa 42 Sp. 227
Gestapa 42 Del. 242

Am 15. August 1942 kehrte Cato von ihrem dreiwöchigen Urlaub im Bayerischen Wald nach Berlin zurück. Sie fühlte sich erholt und gewappnet für neue Herausforderungen, auch wenn wichtige Fragen weiterhin ungeklärt waren: vor allem ihr Verhältnis zu Heinz Strelow, zu dem sie zwar Abstand gewonnen, den sie aber keineswegs aus ihrem Leben verbannt hatte. Aber auch die Verbindung zum organisierten Widerstand blieb unklar. Der Widerstandskreis der *Roten Kapelle* leistete Hilfe für Verfolgte, dokumentierte anhand von Fotos und Informationen von der Ostfront die nationalsozialistischen Kriegsverbrechen und versuchte, die Bevölkerung in Deutschland durch Flugblätter und Zettelklebeaktionen aufzurütteln. Dieser Einsatz war ganz im Sinne von Cato und Strelow, und vermutlich haben sie die eine oder andere Aktion weiter unterstützt, auch wenn der Kontakt zur *Roten Kapelle* weniger geworden war.

Im Sommer 1942 ahnte niemand, dass sich über der Widerstandsgruppe eine tödliche Gefahr zusammenbraute. Die deutsche Abwehr, der Nachrichtendienst des Oberkommandos der Wehrmacht, hatte im Juni einen Funkspruch des sowjetischen Geheimdienstes an die *Rote Kapelle* in Brüssel entschlüsselt, der mehrere Klarnamen der Berliner Gruppe enthielt. Ein von der deutschen Abwehr gefangener Funkspezialist der Brüsseler *Roten Kapelle* hatte unter Folter den Funkschlüssel preisgegeben

Dieser eklatante Verstoß gegen Grundregeln konspirativer Kommunikation setzte im Herbst 1942 in der Reichshauptstadt eine Verhaftungswelle und eine Serie von Schauprozessen in

Abb. oben: Gestapofotos von Cato, © Gedenkstätte Deutscher Widerstand; Abb. Mitte: Catos Kassiber am 29.03.1943; Abb. unten: Gestapofotos von Heinz Strelow, 20.09.1942, © Gedenkstätte Deutscher Widerstand

Gang. Wie von Hitler befohlen, fällte das Reichskriegsgericht Dutzende von Todesurteilen. Am 22. Dezember vollstreckte der Scharfrichter in Berlin-Plötzensee an Harro Schulze-Boysen, Arvid Harnack und weiteren Anhängern der Widerstandsgruppe bereits die ersten Todesurteile.

Cato und ihr Vater waren am 20. September 1942 abgeholt worden. Jan kam am 22. Dezember wieder frei. Gegen Cato, ihren Freund Heinz Strelow und weitere Angeklagte verhandelte das Reichskriegsgericht zwischen dem 15. und 18. Februar 1943. Im Gerichtssaal sahen Cato und Heinz Strelow sich zum ersten Mal seit Monaten wieder. Beide wurden zum Tode verurteilt, Cato wegen »Beihilfe zur Vorbereitung des Hochverrats und zur Feindbegünstigung«. Fast zehn Monate verbrachte sie in drei verschiedenen Berliner Gefängnissen.

Es genügt nicht zu"meckern" oder dumme Witze zu machen. Jeder Einzelne muß sich zu einem klaren JA oder NEIN entschließen.
Seht Euch die Zeitung, die Wochenschau mit Verstand an! Bedenkt, daß man alles tut, um Euch ein gefärbtes Bild von der Lage zu geben.
Protestiert immer lauter, wenn Jhr an allen Ecken und Enden Schlange stehen müßt! Hört auf damit, Euch alles gefallen und bieten zu laßen.
Laßt Euch nicht länger einschüchtern!
Stellt Euch der allgemeinen Angst entgegen! Immer wieder hört man die Redewondung: "Wir müßen durch! Wenn wir jetzt nicht siegen, geht es uns allen schrecklich an den Kragen, dann müßen wir alle für die Untaten der Nazis büßen!" Dies ist das Gerede, das die derzeitigen Machthaber selbst verbreiten, um ihre Herrschaft zu festigen. Natürlich ist diese ganze Betrachtungsweise falsch, denn die Weltgeschichte wird auf keinen Fall ihren tieferen Sinn verlieren und das Unmögliche wird nicht möglich dadurch, daß wir uns in Verkennung der Dinge bemühen dem Verbrechen und dem Wahnwitz zum Siege zu verhelfen, nur weil Verbrechen und Wahnwitz sich zur Zeit in Deutschland eingenistet haben. Wir retten uns und das Land nur dann, wenn wir den Mut finden, uns in die Kampffront gegen Hitler einzureihen und damit den Beweis zu liefern, daß Faschismus und Kriegswahnsinn keine deutschen Erscheinungen sind, sondern Ergebniße eines ungesunden Systems, an dem die ganze Welt mitschuldig ist und das daher von den aufbauenden Kräften der ganzen Welt einschließlich Deutschlands überwunden werden muß. Wenn daher die NSDAP schreit, die siegreichen Amerikaner oder die Bolschewisten würden alle Deutschen sterilisieren, so verbreiten sie, wie immer so auch hier, bewußt die Unwahrheit. Die Herrschaften bangen um ihr eigenes Fell, und in der Tat werden die Verantwortlichen zur Rechenschaft gezogen werden.Denen aber, die aufrecht ihrem Willen zu einer neuen Politik Ausdruck geben, wird kein Haar gekrümmt werden.

Starft die SS mit Verachtung! Laßt es sie fühlen, daß das Volk Mörder und Spitzel aus tiefster Seele verabscheut! Hört endlich auf mit dem Unfug, Winterhilfsabzeichen zu sammeln! Jeder Groschen, jede Hilfeleistung an das herrschende Regime, verlängert den Krieg und führt uns alle nur noch tiefer ins Elend! Schluß mit Gedankenlosigkeit und Gefühlsduselei.

Alles, was zu sagen ist, läßt sich zusammenfaßen in die Aufforderung endlich Ernst zu machen!

Schickt diesen Brief in die Welt hinaus, so oft Jhr könnt! Gebt ihn an Freunde und Arbeitskameraden weiter! Jhr seid nicht allein!Kämpft zunächst auf eigene Faust, dann gruppenweise. MORGEN GEHÖRT UNS DEUTSCHLAND!

-A G I S -

Abb.: Flugblatt der *Roten Kapelle*: »Die Sorge um Deutschlands Zukunft geht durch das Volk« (Februar 1942) [Faksimile der letzten von insgesamt 6 Seiten]

Am 20. September 1942 klingelten Beamte der Gestapo morgens um acht Uhr an der Wohnungstür von Jan Bontjes van Beek am Kaiserdamm 20 in Berlin. Sie durchsuchten die Räume, nahmen ihn und seine Tochter Cato mit und brachten Cato zum Polizeigefängnis am Alexanderplatz und Jan zur Gestapo-Zentrale, Prinz-Albrecht-Straße 8. Beide wurden wie Verbrecher erkennungsdienstlich behandelt. Sieben Wochen nach ihrer Verhaftung durfte Cato ihren ersten Brief aus dem Gefängnis schreiben.

3. November 1942

Meine liebste Mama,
ich weiß nicht, wo Du bist. Deshalb schicke ich diesen Brief an Rali. Liebste Mama, mein Gott, tagelang habe ich vorher diesen Brief in Gedanken aufgesetzt und nun habe ich Angst vor dem Belanglosen. Wie geht es Dir? Die Hauptsache, machst Du Dir nicht allzu viele Sorgen um mich? Du weißt sicher gar nicht, weshalb ich hier bin. Tausend Fragen brennen mir auf den Lippen: Ob Tim noch in Frankreich ist, ob Meme wieder gesund ist und Adada auch. Ob Sibylle ihr Baby bekommen hat und wie es ihr geht …
Wie schön muss es jetzt in Fischerhude sein und im Moor, denn den Herbst habe ich dort so gern. Ich habe meine Gedanken ganz umgestellt, sodass ich nicht die Zelle als zu drückend empfinde. Morgens scheint die Sonne auf mein Bett und jetzt des Nachts auch der Mond. Ich gehe meistens auf und ab und bin froh, dass ich 16 lange Gedichte auswendig weiß, die ich jeden Tag einmal spreche.
Dass ich nichts zu lesen habe, ist bitter. Einmal habe ich um Leseerlaubnis gebeten, aber nichts ist darauf gefolgt. Vielleicht versucht Ihr von Euch aus, diese Erlaubnis zu bekommen.

Schickt mir dann Bücher über Philosophie, auch Goethe. (Goethe habe ich mir ja immer aufgespart für eine Zeit, wo ich Zeit und Muße habe – die Zeit ist jetzt da!)
Wie es mir geht? Ich denke eigentlich nie an das, weshalb ich hier bin, sondern nur an Euch. Über den Sinn Familie viel; was das bedeutet, das wird mir hier ganz besonders klar. Wie arm ist ein Mensch, der ganz allein in der Welt steht. Ich bin so dankbar, dass ich die Gewissheit habe, Euch alle, alle zu haben. Ich will nicht sentimental werden, aber aus einer Zelle kann ich das doch schreiben.
Mir fallen tausend kleine Einzelheiten ein von draußen und neulich träumte mir von einer Gerichtsverhandlung, wo auch das ganze Dorf Fischerhude anwesend war, sogar Jan Butmann[145] *im Sonntagsstaat. In meinen Träumen bin ich immer auf ein paar Stunden bei Euch und sage dann immer: »Gleich muss ich wieder zum Alex!*[146]*«*
Für die Wäsche und die Äpfel, Brote usw. danke ich Euch viel, vielmals. Rali, was hast Du für eine Arbeit mit mir gehabt. Vor Dir habe ich ein ganz schlechtes Gewissen. Wie sah die Wohnung aus, als Du kamst – daran muss ich oft denken. In punkto Ordnung habe ich mir hier in der Zelle geschworen, anders zu werden. Hoffentlich glaubst Du, liebste Rali, mir das auch. Wie ist der große Ofen geworden? Ich hatte zwei Vasen auch drin. Eine davon sollte Mutter Kutscher bekommen. In meinem Schrank stehen schon Weihnachtsgeschenke, diese Glastöpfchen für die Speisekammer, die, Mama, Du bekommen solltest, Rali und Jossie auch. Emma[147] *für ihr neues Zimmer auch. Ich weiß nicht mehr, wie viele es sind. Liebe Rali, Du kannst sie verteilen. Mein einziger Wunsch ist jetzt, dass Papa*

145 Jan Butmann, ortsbekannte Persönlichkeit in Fischerhude.

146 Gemeint ist das Polizeigefängnis am Alexanderplatz, in dem sie inhaftiert war.

147 Emma Breling, Catos Tante.

bald wieder frei wird. Dass er auch hier sitzt, das ist mir ganz furchtbar[148]*.*
Ein paar Bitten habe ich noch: Vitaminpillen (Cebion oder Rosakanina)[149]*, eine Bluse mit langen Ärmeln, Creme oder besser Hautöl. Da ich schrecklich unter kalten Füßen leide, warme Hausschuhe. In meinem Wäschebeutel ist noch ein blauer Pullover, denn der weiße muss auch mal gewaschen werden.*
Wann sehe ich Dich wieder, liebste Mama? Du musst das sicher beantragen. Für alle Lieben allen, allen vielen Dank. Wie geht es Eva? Grüße Tim und Meme und alle anderen, auch die Werkstatt.
Ich umarme Dich und küsse Dich
Deine Dodo

Als Olga, die sich in Schönberg im Bayerischen Wald aufhielt, von der Verhaftung erfuhr, machte sie sich sofort auf den Weg nach Berlin. Mit ihrer Schwester Emma Breling fuhr sie zum Polizeipräsidium am Alexanderplatz, um Näheres über ihre Tochter zu erfahren. Cato selbst durfte sie nicht sehen. Ein Beamter erklärte ihr: »Ihre Tochter hat Flugblätter gegen das Reich selbst geschrieben und redigiert. Sie hat die Tat bereits gestanden.«[150]

Am 14. November 1942 wurde Cato 22 Jahre alt. Dass sie ihren Geburtstag – es sollte ihr letzter sein – in der Zelle verbringen musste, war bitter. Dennoch ließ sie ihre Mutter davon wenig spüren. Deren Sorgen und Ängste waren ihr

148 Jan Bontjes van Beek war in der Gestapo-Zentrale, Prinz-Albrecht-Straße 8, inhaftiert.

149 Cebion: Vitamin-C-Tablette mit Langzeitwirkung. Rosa canina: wild wachsende Rosen, Frucht: Hagebutte, ebenfalls mit Vitamin-C-Gehalt.

150 Undatierte Aufzeichnung von Olga Bontjes van Beek. Archiv Saskia Bontjes van Beek.

wichtiger, ebenso wie der Alltag anderer Familienmitglieder. Zu Beginn ihrer Haft durfte Cato nur alle vier Wochen einen Brief schreiben. Die Regelung wurde später gelockert bzw. nicht mehr so streng gehandhabt. Unter dem Gefängnispersonal gab es einige, die die Gefangene in ihr Herz geschlossen hatten und Cato Dinge erlaubten, die eigentlich verboten waren. An manchen Tagen sang Cato, dass es durch die Flure und Gitterfenster hallte, oder sie turnte in ihrer Zelle, um sich fit zu halten. Sehnsüchtig wartete sie auf einen Besuch der Mutter. Tatsächlich bekam Olga Bontjes van Beek schon bald darauf Besuchserlaubnis. Wie sie später in ihren Aufzeichnungen berichtete, flüsterte Cato beim Treffen ihr zu: »Zehn Jahre werden es wohl werden.« Und: »Was hängt alles dran – ich hatte ja keine Ahnung! Ach, Mama, wofür ich hier bin, liegt ja schon so lange zurück! Ich war damit vollständig fertig.«

1. Dezember 1942

Meine Liebe Mama,
endlich kann ich Dir wieder einmal schreiben. Wie geht es Dir? Meine allerliebste Mama, wie geht es Dir? Hast Du gemalt im Bayerischen Wald? Ich denke doch, dass Du nun in Berlin bist, und täglich warte ich darauf, dass ich Dich sehen kann. Mir geht es verhältnismäßig gut. Ich laufe immer noch in der Zelle auf und ab und freue mich, wenn die Sonne oder der Mond hereinscheinen. Wie große war meine Freude, als zu meinem Geburtstag Euer Paket kam. Da habe ich sehr weinen müssen. Ich erkannte Euch alle an jedem Stück und wusste: das hat der hineingelegt und das jener. Die Torte war so wunderbar, ich spürte und schmeckte die ganze Liebe der Werkstatt. Liebste Mama, ich beauftrage Dich, alle, alle von mir zu grüßen und zu danken. Wie geht es Meme und Tim? Du musst mir bald schreiben oder noch viel besser bald herkommen.

Wo ist Jan? Hat er die Steinzeugstücke aus dem Ofen abschleifen können? Dies muss auch ein Weihnachtsbrief werden, denn vorher kann ich nicht mehr schreiben. Aber es wird sicher doch kein Weihnachtsbrief, dazu habe ich keine Stimmung.
In meinen Träumen bin ich immer in Fischerhude mit Euch allen zusammen. Wann wird das wieder sein? Aber Mama, alles ist leicht für mich, wenn ich weiß, dass Du Dir nicht zu viele Sorgen um mich machst. Du hast mir so viel fürs Leben gegeben, dass ich alles gut überstehe. Du musst nur viel an mich denken; dass Du das tust, spüre ich gut. Was ist eine räumliche Trennung? Nichts! Ich weiß das nun genau.
Gestern bekam ich das Päckchen mit den Strümpfen. Habt vielen Dank. Könntet Ihr mir noch den blauen Pullover schicken, den dicken, der im Wäschebeutel meines Schranks liegt? Ich wäre sehr dankbar. Nun weiß ich noch immer nicht, wie es Sibylle geht. Hat sie ihr Baby bekommen? Das ist ja nun schon bald groß. Was macht Amelie, wo ist Tim[151]*? Ach, ich habe so viele Fragen. Wenn Du kommst, bringe, bitte, meinen Wintermantel mit, dann kann ich ihn mit dem Sommermantel tauschen. Leider sind mir die Hausschuhe zu klein. Könnt Ihr mir wieder ein paar Zigaretten schicken? Entschuldige meine Bitten. Dass ich nichts zum Lesen habe, ist das Schlimmste. Rali danke ich sehr für den Brief und das kleine Goethe-Buch. Ihr Brief hat mich so glücklich gemacht. Auch die Zeilen von Emma. Vielleicht könnt Ihr für mich Leseerlaubnis beantragen. Das wäre schön!*
Wie geht es der Werkstatt? Ist der Kachelauftrag für den Bürgermeister fertig und gut geworden? Viele liebe Grüße an die ganze Werkstatt. An Hans, Jossie, Emma, Marianne. Ach, an alle!

151 Tim befand sich seit dem 13. November 1942 in Marseille im besetzten Frankreich. Von dort gelangte seine Einheit Anfang Januar 1943 über Polen an die Ostfront.

Sind die Kinder aus dem Riesengebirge nach Berlin gekommen? Ihnen auch meine Liebe.
Und, Mama, sieh zu, dass Du bald kommen kannst. Ich warte jeden Tag darauf, denn ich glaube, dass Du nun in Berlin bist. Viel, viel Liebe Dir und Meme und Tim, wenn Du ihnen schreibst. Jan und Rali auch.
Ich umarme Dich ganz fest
Deine Dodo

29. Dezember 1942

Meine liebste Mama,
Jetzt sind wieder vier Wochen um und ich kann Dir schreiben. Es mutet mich merkwürdig an, einen richtigen Federhalter zu führen und ein Glas mit Tinte vor mir zu haben.
Ich habe in den Feiertagen sehr viel an Euch gedacht. An Tim in Frankreich, an Meme in den Bergen, an Dich und alle in der Bismarckstraße[152]*, Amelie im Bayerischen Wald, und wie groß war meine Freude zu hören, dass Papa noch zum Fest entlassen wurde. Das war auch die schönste Weihnachtsfreude für mich. Nun ist alles viel leichter zu ertragen.*
Wie soll ich Euch danken für all die schönen Sachen? Es war wunderbar. Die dicken Strümpfe von Tim sind das Gegebenste für die große Kälte. Un allens hat so wunderbarfein smeckt!
Für Deinen wunderschönen Brief, meine liebe Mama, danke ich Dir ganz besonders. Ich lerne das Gebet auswendig, es ist so herrlich.
Gleich habe ich mich auf den Novalis gestürzt und »Heinrich von Ofterdingen« und »Die Lehrlinge von Sais« gelesen. Es besteht eine Ähnlichkeit zwischen den »Fragmenten« von Novalis und den »Pensées« von Pascal. Ich habe jetzt aber doch mehr Beziehung zu Letzteren bekommen. Es fällt mir momentan doch

152 Wohnung von Jossie und Hans Schultze-Ritter.

etwas schwer, mich ganz in die Zeit der Romantiker zu versetzen. Besonders empfinde ich es bei Novalis' Gedichten. Ich weiß, dass er Dir nicht sehr liegt und Du sagtest mir einmal, dass Hölderlin dasselbe sagt, nur viel einfacher und klarer. In vielem muss ich Dir nun beistimmen, aber trotzdem halte ich sie für sehr verschieden. Aber Lust bekam ich, auf den »Heinrich von Ofterdingen« Goethes »Wilhelm Meister« zu lesen.
Das »Lesebuch für Baumeister«[153] genieße ich sehr. So etwas muss man mit Ruhe lesen, mit viel, viel Zeit. Die innere Ruhe habe ich zwar nicht ganz, aber dafür Zeit, sehr viel Zeit.
Mit Ungeduld erwarte ich nun den Prozess. Im Januar wird es wohl soweit sein. Hat der Anwalt die Zulassung erlangt[154]? Dann werde ich ihn wohl bald sprechen können, wenn es so ist. Ich habe viel Sehnsucht nach Deinen Bildern, wie gern möchte ich das sehen, das Du im Bayerischen Wald maltest. Ach, und dann Fischerhude, die überschwemmten Wiesen und die vielen Krähen auf den Feldern. Wie glücklich werden Ulrich[155] und Christian sein, sich dort nun getroffen zu haben. Wenn morgens der Mond in meine Zelle scheint, so denke ich immer an die

153 Das »Lesebuch für Baumeister« stammt aus der Feder des Architekten, Stadtplaners und Hochschullehrers Fritz Schumacher (1869-1947) und war 1941 erschienen. Schumacher, 1933 von den Nazis als Hochbaudirektor der Hansestadt Hamburg entlassen, entwarf in den 1920er-Jahren zahlreiche öffentliche Gebäude, die meisten davon mit rot geklinkerter Fassade. Das Buch war ein Geschenk von Heinz Strelow.

154 Catos Frage nach der Zulassung eines Verteidigers war mehr als berechtigt. Der Berliner Rechtsanwalt Ludwig Ketteler, einer der wenigen noch unabhängigen Anwälte, hatte sich bereit erklärt, die Verteidigung zu übernehmen. Ketteler wurde jedoch nicht zugelassen. An seine Stelle trat als Pflichtverteidiger Dr. Leonhard Schwarz, den Cato später als eine Null bezeichnete.

155 Ulrich Modersohn hatte Cato zu Weihnachten aus den Niederlanden, wo er als Soldat stationiert war, eine Karte geschickt, seinen Urlaub angekündigt und gefragt, ob sie sich in Fischerhude über die Feiertage sehen könnten.

kalten Radfahrten bei Ostwind zum Sagehorner Bahnhof[156] *mit Meme und Tim. Wie dunkel war es da noch um diese Zeit, und der Mond schien auch. Ob das Eis wohl schon hält?*
Wie geht es Dir, meine liebe Mama? Bist Du noch in Berlin? Hoffentlich sehe ich Dich noch einmal vor dem Termin, es ist mir auch versprochen worden. Denn wer weiß, was mit mir geschieht und wie lange wir uns dann nicht mehr sehen.
Ich schreibe mit einer erbärmlichen Feder. Es ist schwer, damit zu schreiben, aber ich bin ihr nicht böse, denn ich stelle mir vor, wie viele traurige Briefe sie wohl schon hat schreiben müssen.
Ich bin wieder allein in meiner Zelle und das Alleinsein ist mir recht angenehm und macht mir nichts aus.
Wie wird Papa froh sein, wieder arbeiten zu können, und wie wird alles auf ihn gewartet haben. Grüße ihn viel, vielmals, auch Rali, die Kinder und alle in der Werkstatt. Dir, liebe Mama, wünsche ich, dass alles leicht für Dich zu ertragen ist. Das gibt mir auch Kraft, diese Gewissheit. Denkt viel an mich, ich tue es auch, an Euch denken...
Ich umarme Dich und bin
Deine Dodo

156 Der Sagehorner Bahnhof war von Fischerhude aus die nächste Bahnstation mit Zugverbindungen in Richtung Bremen und Hamburg.

Abb.: Gestapobild von Jan, 20.09.1942, © Gedenkstätte Deutscher Widerstand

Ebenfalls im Berliner Polizeigefängnis befand sich in sechsmonatiger Untersuchungshaft der Architekt Helmut Niewerth. Niewerth schaffte es, sich mit Cato auszutauschen – wie und unter welchen Bedingungen, ist nicht bekannt. Er muss über gute Kontakte sowohl im Gefängnis als auch nach draußen verfügt haben. Es gelang ihm mehrfach, Briefe an der Kontrolle vorbei aus dem Gefängnis zu schmuggeln. Außerdem verfügte er über Mittel, bestimmte Waren, etwa Lebensmittel oder Tabak, in die Haftanstalt zu lotsen. Davon setze er Olga Bontjes van Beek in Kenntnis. Niewerth wurde im Februar 1943 zunächst freigelassen und später von der SS aus nicht bekannten Gründen erneut inhaftiert. Er starb am 14. September 1945 nach längerer Krankheit, möglicherweise infolge der Haft.

Berlin, den 3. Januar 1943

Sehr verehrte gnädige Frau!
Wieder einmal ist es mir möglich, Ihnen von Ihrer Tochter Cato zu berichten. Die Kalender-Festtage sind wie all die anderen hier hinter Gittern vorübergegangen. Ich bewundere immer wieder, wie hoffnungsfroh und mit welch unerschütterlicher Zuversicht Fräulein Cato jeden neuen Tag beginnt und durchhält. Ich habe die große Freude, mich oft und lange unbeobachtet aber sehr schwierig mit Ihrer Tochter unterhalten zu können. Sie hat mir aufgetragen, Ihnen für die Paketsendungen herzlichst zu danken und Sie recht herzlich zu grüßen. Sie ist wohlauf, dann und wann hat sie Hunger und möchte gern rauchen. Sie ist wieder allein in der Zelle und freut sich sehr, Sie Mitte des Monats wieder sprechen zu können. Seit dem 23. Dezember ist im Prozess niemand vernommen worden; am gleichen Tage erhielt Fräulein Cato die Nachricht, dass Herr Bontjes van Beek freigelassen wurde, und vermutet, dass die ersten Urteile wohl bereits vollstreckt sind (13 Todesurteile von 15 Verurteilten).

Inzwischen werden Sie sich gewiss um den Anwalt bemüht haben. Halten Sie es nicht auch für zweckmäßig, einen hohen Parteifunktionär – eventuell den Gauleiter Hannover-Ost[157] – zu bewegen, dass er sich zumindest aktenmäßig für Fräulein Cato verwendet? Wenn eine Milderung zu erreichen ist in dem Urteil, so nur auf diesem Wege oder ähnlichem, was ich jeden Tag während meiner nun sechsmonatigen Untersuchungshaft wieder von neuem erlebe. Scheuen Sie keinen Weg, gnädige Frau, zu viel kann man nicht tun in diesem Falle. Sicher wollen wir nicht auch zu schwarz sehen. Nach den letzten Urteilen zu schätzen, scheint das Kriegsgericht nicht die bisherige Milde walten zu lassen.
Nun kann ich Ihnen noch etwas mitteilen. Durch besondere Umstände ist es mir möglich gewesen, dass nun alle Pakete, die eingeschrieben durch die Post (am besten C 2) befördert werden, ohne weiteres sofort Ihrer Fräulein Tochter zugestellt werden, wenn sie die Aufschrift tragen: An Frl. C. B. v. B., Bln C 2, Alexanderstr. 10, Polizeigefängnis Station V, 124 – und: »Zusatzverpflegung mit ärztlicher Erlaubnis«. Ihre Tochter wünscht sich nun außer den Nahrungsmitteln noch Waschpulver, und ich glaube, Sie können ihr auch etliches zum Rauchen gönnen. (Rauchwaren am besten unter doppeltem Boden, da nur wenig durchgelassen wird, aber sehr vorsichtig!) Oder ein Paket Waschpulver und wieder zukleben.
Nun habe ich eine fast unbescheidene Bitte, gnädige Frau. Auf eine Entfernung von 45 Metern sehe ich nun täglich Ihre

157 Der Gau Hannover-Ost hatte seinen Sitz in Lüneburg. Stellvertretender Gauleiter war der aus Fischerhude stammende Heinrich Peper. Wie aus einem späteren Briefwechsel hervorgeht, hat Peper sich für eine Begnadigung von Cato eingesetzt – mit welchem Nachdruck, ist nicht bekannt. Jedenfalls hat Olga Bontjes van Beek Peper nach dem Krieg ein gutes Leumundszeugnis ausgestellt, einen sog. »Persilschein«. Der ehemalige Gauleiter selbst hat in der Bundesrepublik seine NS-Vergangenheit nie selbstkritisch aufgearbeitet.

Tochter und so werden Sie den Wunsch verstehen, wenn ich ein Bild von Cato haben möchte. Sie machen mir damit eine sehr große Freude. Gewiss passt es nur komisch in die Zeit der Untersuchungshaft Ihrer Tochter, ein Bild zu verschenken und oft haben wir darüber gesprochen, dass Sie glauben möchten bei diesem Wunsche, Ihre Tochter stünde nicht mit beiden Beinen in der tiefen Schwere ihres gegenwärtigen Erlebens; aber vielleicht werden Sie es gerade deswegen verstehen. Und so hat mir Frl. Cato gestattet, dass ich es mir von Ihnen wünschen darf. Eine Aufnahme, die ihre Tante gemacht hat, würde sicher bei der Hand sein.
Die Frau eines Leidensgenossen, Frau Weber, wird sich telefonisch etwa Mitte bis Ende der Woche erkundigen, wann sie es abholen kann. – Wenn Sie irgendwelche Nachrichten an Ihre Tochter mitgeben wollen, so werden diese ungelesen zu mir auf demselben Wege gelangen. Ich werde diese dann »weitertelefonieren«, ohne andere behelligen zu müssen.
So erlaube ich mir, Frau Weber zu Ihnen zu bitten, ein Bild und evtl. einige Zeilen für Ihre Tochter abzuholen.
Wenn ich, wie ich hoffe, etwa Mitte Februar wieder frei bin, werde ich Ihnen sehr viel berichten können und Ihnen den Dank abstatten, den ich Ihnen nun schriftlich herzlich versichere. In Mitsorge
Ihr sehr ergebenster
Helmut Niewerth.

Am 15. Januar 1943 trat das Reichskriegsgericht an der Witzlebenstraße in Berlin zusammen, um über weitere Anhänger der *Roten Kapelle* zu urteilen, darunter Cato Bontjes van Beek und ihr Freund Heinz Strelow. Die beiden sahen sich hier während der Verhandlung erstmals wieder. Wie schon im Dezember übernahm Oberstkriegsgerichtsrat Manfred Roeder die Rolle des Chefanklägers. Roeder war entschlossen, den Rachefeldzug des Regimes gegen die Widerstandsgruppe fortzusetzen. Heinz Strelow hoffte inniglich, dass Cato mit einer Zuchthausstrafe davonkommen würde. Für sich selbst rechnete er mit dem Todesurteil. Offenbar machte der Lyriker sich Vorwürfe, Cato nicht von der gefährlichen Untergrundtätigkeit abgehalten zu haben. Einen Tag vor der Urteilsverkündung richtete er diesen Brief an Cato.

Sonntag, den 17. Januar 1943

Meine liebe, liebe Dodo,
ich habe ein großes Rad im Kopf und kann Dir wohl nichts Gescheites schreiben. Trotz des Unheils, das sie uns gebracht haben, waren die zwei Tage so schön – weil ich Dir noch einmal nahe war und darum freue ich mich auch auf morgen – wirklich, ich freue mich! – Immer sehe ich Dich da stehen und höre, wie Du sagst, dass Du die Menschen lieb hast und darum auch noch leben möchtest. Dodo – meine liebe Dodo – ich kann es nicht glauben, dass man Dich verurteilt; es ist so gänzlich unfasslich – nein es kann nicht sein; – wenn Du diesen Brief liest, dann kennst Du unser Schicksal. Deines wird wohl hart sein, aber es wird Dich doch irgendwann dem Leben wiedergeben, ganz sicher.
Dodo. – Ach, wenn es aber auch Dich erfasst – dann bitte ich Dich ganz innig – suche Dich damit auszusöhnen – vielleicht sterben wir fast zu gleicher Stunde. Du weißt, dass auch ich das Leben sehr liebe und es ist für mich schwer. Es würde mir vieles erleichtern, wenn ich wissen könnte: Du, Dodo, bleibst am Leben. Wenn es so ist, habe ich diese Bitten an Dich: Versöhne mich mit Olga, und – gehe zu Deiner Mutter und zu Walter Niemann[158] *in Worpswede.*
Und Dodo, ich habe Dir viel weh getan, und, wenn ich an Deinem Schicksal wohl auch nicht so viel Schuld trage wie mir der

158 Walter Niemann, Worpswede, NS-Gegner, Freund der Familie Strelow.

Senatspräsident vorwarf, frei von Verantwortung und Schuld bin ich wohl doch nicht Dir gegenüber. Ich hoffe, Du wirst mir verzeihen, ob Du nun leben darfst oder mit mir sterben musst. Wenn Du einmal frei bist, dann gib Dich dem schönen Leben doppelt hin und grüße alles von mir, was ich so geliebt habe. – Und sei nicht traurig um mich – vergiss mich nicht und behalte mich lieb. So wie ich Dich lieben werde und an Dich denken, bevor ich sterbe. Mein Leben war bunt und voll Freude und auch voll Leid, ich bin nicht undankbar! Ich will Dir noch sagen, dass Du das reinste und beste und unschuldigste Herz hast von allen Menschen. Es ist so schön, dass ich Dich noch sehen konnte und Dich umarmen und jetzt wissen kann bis zuletzt, dass Du mich lieb hast!
Lebe wohl – meine liebe Dodo – und Gott schütze Dich.
Heinz

Am 18. Januar 1943 wurde Heinz Strelow »wegen Vorbereitung zum Hochverrat und wegen Kriegsverrats« zum Tode verurteilt. Cato erhielt wegen »Beihilfe zur Vorbereitung des Hochverrats und zur Feindbegünstigung« ebenfalls die Todesstrafe.

Noch am Tag der Urteilsverkündigung nahm Cato gleich nach der Rückkehr in ihre Zelle Verbindung zu Rainer Küchenmeister auf, dem 16-jährigen Sohn von Walter Küchenmeister, der wie sein Vater ebenfalls inhaftiert und in der Zelle in der Etage direkt unter Cato eingesperrt war. Walter Küchenmeister gehörte zum Widerstandskreis *Rote Kapelle*. Er war von Beruf Eisendreher, dann Schriftsteller. 1918 hatte er am Kieler Matrosenaufstand teilgenommen. Walter Küchenmeister wurde am 13. Mai 1943 in Plötzensee mit dem Fallbeil hingerichtet, also am selben Tag wie Heinz Strelow. Cato und Rainer Küchenmeister tauschten über einen Bindfaden, den sie von Zellenfenster zu Zellenfenster zogen,

Briefe und Botschaften aus. Ohne dass sie sich sehen konnten, entstand unter den außergewöhnlichen Bedingungen einer Haft eine innige Beziehung zwischen den beiden.

18. Januar 1943

Mein lieber Rainer,
ja, das war ein Schlag ins Gesicht, dieser Antrag vom Oberst! Aber Rainer, ich bin so sehr vom Leben überzeugt und liebe die Menschen so unendlich, dass ich gar nicht daran glaube, dass es wahr wird. Von dieser Liebe zu den Menschen habe ich in meinem Schlusswort gesprochen. Es war mir ja auch nie zuvor so klar, wie sehr ich Deutschland liebe. Ich bin ja gar keine Kommunistin. Rainer, als ich wusste, jetzt kannst du noch etwas sagen, um dein Leben zu retten, da gab es gar keine Politik mehr für mich, sondern einzig und allein stand vor mir das Bild, dass es nur eines gibt, und das ist die Liebe der Menschen untereinander. Ich bin kein politischer Mensch, ich will nur eins sein, und das ist: ein Mensch.
Nennt man dies nun: dem Tod ins Auge sehen? Es verpflichtet zu so vielem. Ich habe nicht um mein Leben gebettelt. Rainer, da hat der Mensch gezeigt, was er ist – nicht bei der Beweisaufnahme, sondern bei seinem Schlusswort. Ich werde das nie vergessen – sollte ich leben bleiben, jedes andere Urteil ist mir egal. Nur leben will ich, leben, leben! Das ist mein Wunsch. Um meinen Freund Strelow habe ich große Angst. Ich habe ihm gesagt, dass er Deinem Vater bestellt, was für einen prächtigen Sohn er in Dir hat. Ich habe in der Nacht vom 13.-14. von Dir geträumt und Strelow so viel erzählt von Dir und wie gern ich Dich habe.
Einen Kuss.
Deine Dodo

19. Januar 1943

Meine liebe Cato,
ich kann das alles, was ich für Dich empfinde, unmöglich aufs Papier bannen, und ich weiß nicht, ob das Wort ›Kamerad‹ dafür genügt. Cato, ich habe den Glauben an Dich noch nicht verloren, ich kann es einfach nicht. Ich will keine Worte weiter über das Geschehene machen. Dafür ist es viel zu groß und zu ernst. Ich danke Dir, Cato, was Du von mir an Strelow bestellt hast. Der gestrige Tag war furchtbar für mich, ich war dicht daran zu toben; aber als ich Deine Stimme hörte, Cato, da wurde ich wieder ruhig, ruhig wie ein kleiner Junge, der die Stimme seiner Mutter vernimmt. Überhaupt hat es mir Deine Stimme angetan, und ich glaube, allen anderen geht es ähnlich. Nicht etwa, dass das ein Kompliment sein soll, bestimmt nicht, Cato. Nun, liebe Cato, habe ich noch eine Bitte an Dich, deren Erfüllung mir mehr bedeuten würde, als Du es wohl ermessen kannst, gib mir einen Talismann, ein Andenken von Dir, Cato, ich will daran glauben, immer und so fest, wie ich auch noch jetzt an Dich glaube. Kannst Du das verstehen? Aber, Cato, sage das, was Du mir darüber zu sagen hast, bitte schriftlich, denn ich weiß es nicht, aber ich glaube, ich könnte schlecht mit Dir darüber sprechen. Ich glaube, ich sagte es Dir schon mal, dass ich heulende Männer nicht leiden mag. Du doch sicher auch nicht. Nun Schluss, Cato, sonst werde ich noch sentimental. Schreibe mir, bitte, ja?
Einen lieben Gruß
Von Deinem Rainer

19. Januar 1943

Mein lieber Rainer,
was bist Du doch für ein famoser lieber Junge. Dein Brief hat mich so glücklich gemacht, ich möchte ihn immer bei mir tragen, und den Abschiedsbrief von Heinz auch. Sollte ich

wirklich sterben, Rainer, sei nicht allzu traurig, vergiss mich nicht. Eine Bitte habe ich an Dich, sei vernünftig und beginne nichts Falsches. Ich meine damit, Du sollst kein Märtyrer sein. Es hat keinen Sinn. Du wirst so nötig gebraucht. Du hast so viele gute Eigenschaften, und es ist auch ein solcher Reichtum an Liebe in Dir, das ist das Höchste und Schönste, das der Mensch besitzt.
Ich denke sehr viel an Otto Gollnow[159]*, dessen Urteil nicht so ausfiel, wie der Oberst beantragte. Er sagte mir zum Abschied, dass er von Heinz und mir die Gewissheit mitnimmt ins Leben: der Mensch ist gut! Wir beide würden immer bei ihm sein. So möchte ich auch immer bei Dir sein, denn ich liebe Dich so, als seiest Du mein Bruder. Vielleicht wirst Du meinen Bruder Tim auch mal sehen. Geh zu meiner Mutter, das musst Du mir versprechen, mein lieber Rainer.*
Ich liebe das Leben und die Menschen unendlich, und darum gehe ich ohne einen Groll aus dem Leben oder gar Hass. Vielleicht sterben Heinz und ich zu fast der gleichen Stunde, das wäre schön. Denn wir beide gehören zusammen, und darum waren diese drei Tage so wunderbar[160]*. Und ich glaube immer noch an ein Wunder, das mich dem Leben wiederschenkt.*
Denke an Deinen Vater, lieber Rainer, und begebe Dich nicht unnütz in Gefahr. Ich weiß nicht, warum ich sterben muss, aber sicher hat alles einen Sinn. Du glaubst, ich mag weinende Männer nicht? Ach Rainer, das macht gar nichts, auch Heinz

159 Der Mitangeklagte Otto Gollnow erhielt wegen »Wehrkraftzersetzung« sechs Jahre Zuchthaus. Gollnow, 1923 in Porto Alegre, Brasilien, geboren, saß in mehreren Gefängnissen ein: Zuchthaus Spandau, Haftanstalt Lingen / Ems, KZ Börgermoor / Emsland, 1944 Arbeitseinsatz bei Cambrai in Frankreich, beim Rücktransport in den Niederlanden Flucht, seitdem verschollen.

160 »Diese drei Tage« – der Hinweis bezieht sich auf die Verhandlung vor dem Reichskriegsgericht, die ihrem Freund Strelow und ihr Gelegenheit boten, sich wiederzusehen, Blicke auszutauschen und sogar, sich zu umarmen.

hat geweint, nur zuletzt haben wir uns immer angelacht, weil wir zusammen so glücklich waren. Lebe Du weiter, lieber Rainer, suche das Schöne in der Kunst und in jedem Menschen, und lerne mit dem Herzen zu denken. Der alte Gott schütze Dich!
Einen lieben Gruß von Deiner
Cato

Cato versuchte, Rainer Küchenmeister davon abzuhalten, sich aus Verzweiflung über die tödlichen Gefahren, die seinem Vater und jetzt auch Cato drohten, etwas anzutun. Tatsächlich überlebte Rainer Küchenmeister die anschließende Haft im KZ-Jugendlager Moringen bei Hannover und auch den Kriegseinsatz in einem Strafbataillon. Nach dem Krieg wurde er Maler. Seine Figuren sind ohne Gesichter. Trotz intensiver Bemühungen hatte er Cato nicht zu Gesicht bekommen. Er kannte sie nur durch die Kassiber und das Sprechen; über Heizungsrohre verständigten sie sich. Den Besuch bei Olga Bontjes van Beek in Fischerhude stattete Rainer Küchenmeister, wie ihm von Cato aufgetragen, gleich nach Kriegsende ab. Zu Mietje und Tim Bontjes van Beek hielt er bis zu seinem Tode im Jahre 2010 Kontakt.

In einem Telefongespräch, das Rainer Küchenmeister am 8. Juli 2003 mit Roselie Bontjes van Beek, der Frau von Tim, führte, sagte er über Cato: »Ihre Größe liegt in ihrem Verhalten im Gefängnis. Wenn man andere trösten und ihnen helfen kann, erträgt man die Dinge leichter. Sie hat mir geholfen und ich ihr. Ich wollte Cato schützen, mit ihr sterben, für immer mit ihr zusammen sein.« Ein Telefonat, das die beiden am 11. März 1999 geführt hatten und von dem ebenfalls ein Gedächtnisprotokoll existiert, beendete der in Frankreich lebende Maler mit den Worten: »So, hier in Paris scheint die Sonne. Ich werde jetzt durch die Straßen gehen, an Cato denken und ein bisschen weinen. Ich bin ja allein, da darf ich ruhig weinen.«[161]

Nach der Verhängung des Todesurteils musste Cato damit rechnen, dass der grausame Richterspruch – ähnlich wie schon im ersten *Rote-Kapelle*-Prozess im Dezember 1942 – unverzüglich vollstreckt werden würde. Deshalb entschloss sie sich, ihrer Mutter einen Abschiedsbrief zu schreiben. Tatsächlich vergingen noch quälend lange Monate, in denen sie wieder Hoffnung schöpfte, doch noch mit einer Zuchthausstrafe davonzukommen.

21. Januar 1943

Meine liebe, allerliebste Mama, ich kann es immer noch nicht begreifen, dass dies ein Abschiedsbrief sein soll – Abschied von Dir, von Euch Lieben, vom Leben.

Meine liebe, liebe Mama, wie kann ich Dir nur sagen, dass ich so ruhig bin wie selten zuvor? In mir ist nur Liebe zu Euch und zu allen übrigen Menschen. Ich bin völlig frei von Groll oder gar Hass – es ist so, als hätte alles ein mildes Gesicht. Ich bin ja doch immer bei Euch und in Euch. Trotz des Unheils, das diese drei Tage uns gebracht haben, waren sie auch wunderschön. Ich weiß nun, dass der Mensch gut ist, ganz genau, und das macht mir das Sterben auch leichter. Ich weiß auch, dass Heinz mich lieb hat

161 Beide Gedächtnisprotokolle von Roselie Bontjes van Beek: Archiv Saskia Bontjes van Beek.

Abb.: Olga und Cato, Fischerhude 1936

und ich ihn auch. Er sagte mir und schrieb mir, falls ich doch dem Leben wiedergegeben würde, sollte ich ihn mit Dir aussöhnen, das sei eine große Bitte von ihm. Meine liebe Mama, ich weiß, dass ich das bereits getan habe und auch mit dem Bewusstsein sterben kann, dass Du ihm nicht mehr zürnst. Vielleicht sterben wir fast zur selben Stunde, das wäre schön. Ich habe noch in der Nacht vom 18.-19. Jan. ein Gnadengesuch geschrieben[162]*. Wie sehr ich die Menschen und das Leben liebe und es das Schönste für mich sei, immer hilfsbereit für andere da zu sein, dies habe ich geschrieben und auch in meinem Schlusswort vor Gericht gesagt. Ich werde bis zuletzt an Euch und an Heinz denken und immer bei Euch sein und trotzdem auch bis zuletzt an ein Wunder glauben, das mir das Leben wiedergibt. Grüße alles von mir, das ich so liebte. Alle Lieben, meine liebe Meme und meinen lieben Tim und die Kleinen und Papa und Rali. Habe ich einmal jemandem weh getan, so möge er mir vergeben. Ich bin mir heute keiner großen Schuld bewusst und es ist in mir eine große Frage: warum dies alles sein muss. Auch hier im Gefängnis waren alle Menschen voller Liebe zu mir.*
»Suche dich damit auszusöhnen«, das schrieb und sagte mir Heinz zuletzt. Glaube mir, meine liebste Mama, ich kann es – wirklich. Es ist nur alles so unverständlich, aber ich habe keinen Groll, sondern liebe die Menschen bis zuletzt, alle, alle. Meine liebste Mama, dass ich Dir diesen großen Kummer gemacht habe. Ach, fühlten doch alle diejenigen, denen es genauso geht wie mir, genauso wie ich, ich wünschte es ihnen.
Auf Wiedersehen, meine liebe, liebe Mama, und grüße alle und alles von mir.
Immer Deine Dodo
Grüße auch John, er soll mir vergeben.

162 Cato hat ein Gnadengesuch an Hitler persönlich geschickt. Eine Abschrift davon existiert nicht. Wahrscheinlich ist das hier gemeint.

Einen zweiten Abschiedsbrief schrieb Cato an Helmut Niewerth, dem sie manche wertvollen Tipps und vermutlich auch einige gute Kontakte zum Gefängnispersonal zu verdanken hatte.

21. Januar 1943

Lieber Helmut,
Es ist schon ganz dunkel draußen und ich schreibe bei Kerzenlicht. Ich kann Dir keinen traurigen und auch keinen fröhlichen Brief schreiben. Alles hat ein mildes Gesicht für mich und ich wünsche allen, denen es auch so ergehen wird wie mir, dass sie genauso ruhig sind. »Versuche, Dich damit auszusöhnen.« Das sagte und schrieb mir Heinz. Glaub' mir, Helmut, ich kann es – Heinz wird es auch können.
Es war so schön, dass ich Dich hier traf und welch schöne Stunden hatten wir gemeinsam.
Ich will nicht klagen, dass nun alles aus sein soll. Aber sehr leicht ist es nicht – suche Dich damit auszusöhnen. Ich sterbe nicht als Kämpferin, aber vielleicht hat auch mein Tod einen Sinn. So vieles am Menschen ist ja unsterblich, und das ist wunderbar so.
Ach, wenn doch alle Menschen sich so lieben würden, so wie ich sie alle liebe. So werde ich auch ohne Groll oder gar Hass sterben, es ist nur ein Nichtverstehen, dass es tatsächlich so sein soll, das mich berührt.
Lieber Helmut, lebe Du weiter. Genieße das schöne Leben und sei nicht zu traurig um mich. Ich denke viel an Dschnang[163]*, er sang einmal:*

163 Dschuang Dsi ist gemeint, chinesischer Philosoph und Dichter, den Cato aus dem Gedächtnis zitiert.

Ins Unermessliche
Steigen die glückhaften Wolken.
Kaum ahnt der Mensch,
was Grenzenlos heißt.
Gut und Böse wird vergolten,
früh sei es oder spät.
Wozu irren der Welt Kinder
Nach Gut und Macht?
Alles ist vorherbestimmt.
Nur am Ende durchschauen sie
Den großen Wahn.

Eine Bitte habe ich noch an Dich. Geh zu meiner Mutter. Erzähl ihr von mir, damit sie es wirklich weiß, dass jetzt alles nicht mehr schwer ist für mich, dass ich das Leben aber trotzdem liebe. Erzähl ihr auch, was Heinz und ich getan haben. Der Gedanke an die Tränen meiner Mutter um mich ist so sehr schwer. Könnt' ich ihr doch nur helfen. Die Mutter von Heinz wird dies alles nicht überstehen. Er ist das einzige Kind und der Vater fiel im Weltkrieg, dem anderen.
Lieber Helmut, Du warst immer so gut. Vielleicht ist der Gedanke, dass ich sterben soll, noch nicht in mein Innerstes gedrungen? Ich weiß es nicht – ich hoffe doch noch auf ein Wunder.
Leb wohl, mein lieber Helmut. Wer weiß ......
Herzlichst Deine Cato.
Der andere Brief ist an meine Mutter.

In einem Ozean von Hass, Gewalt und Zerstörung, der sie täglich umtoste, hielt sie unerschütterlich an ihrer Botschaft fest: Liebe zu allen Menschen … Cato, die zwar protestantisch getauft war, aber zum Christentum eher eine ethisch-philosophische Beziehung besaß, blieb bei ihrer Botschaft der Liebe und des unerschütterlichen Glaubens an das Gute im

Menschen. Erst im weiteren Verlauf ihres Gefängnisaufenthaltes gewannen die christliche Religion und die Bibel eine tiefere Bedeutung für sie. In ihrer Friedfertigkeit wuchs sie geradezu über sich hinaus und wurde so zu einem zeitlosen Vorbild für gewaltlosen Widerstand.

9. Februar 1943

Meine liebe, liebe Mama,
ganz schnell will ich Dir einen Gruß schicken. Ob er Dich erreicht? Es wäre wunderbar.
Ich weiß nicht, ob Du mein Urteil weißt. Es ist das allerhärteste – ich bin zum Tode verurteilt! Jetzt sind es drei Wochen her, ich habe gleich in derselben Nacht noch ein Gnadengesuch an Hitler geschrieben. Ob es Erfolg hat? Ach, Mama, ich bin so voller Hoffnungen. Wenn Du mich sehen würdest, hättest Du nicht den Eindruck, ich sei eine zum Tode Verurteilte. Ich denke so selten nur daran, meine Gedanken sind absolut in der Zukunft und ich glaube auch ganz, ganz fest, dass all das nicht eintreffen wird. Ich will es Dir aber doch schreiben, damit Ihr vielleicht von draußen etwas unternehmen könnt. Mein Gesuch läuft nun schon drei Wochen. Ich hätte Euch schreiben können, aber es ist mir verboten, von der eigentlichen Sache zu schreiben, und sonst nur Belangloses zu schreiben, das konnte ich nicht.[164]
Der Prozess war sehr aufregend. Mein Anwalt sagte mir vorher, es sei alles gewonnen für mich, wenn das Urteil auf »Beihilfe zur Vorbereitung zum Hochverrat« lautet und nicht »Täterschaft«. Dann würde ich nur eine Zuchthausstrafe bekommen. Das Urteil lautete auf »Beihilfe«, trotzdem ist die Todesstrafe verkündet worden. Im Dezember 1942 ist das Gesetz

164 Cato konnte diesen Brief mit Hilfe von Helmut Niewerth aus der Haft schmuggeln.

herausgekommen, dass »Beihilfe« auch so bestraft wird, und es wurde rückwirkend angewandt.[165]
Von neun Angeklagten haben sieben dieses Urteil bekommen. Alles ganz junge Menschen, 19 Jahre, 21-22 usw. Auch Heinz hat dasselbe Urteil, bei ihm wurde es als Täterschaft angesehen und dann auch als Kriegsverrat. Jetzt sind im Ganzen 37 Todesurteile von 50 Angeklagten ausgesprochen, und es geht immer weiter. Es ist wie ein Taumel oder Rausch. Aber alles ist so unwirklich, dass ich immer weiter hoffen werde – es kann einfach gar nicht sein. Es war auch jeder erstaunt, Kommissare, Anwälte und wir.
Eure lieben Frühstückspäckchen habe ich in den drei Tagen bekommen. Es war sehr schön und vielen Dank noch nachträglich. Gestern bekam ich den Mantel und die Guttis[166]*. Ein kl. Päckchen mit Broten, Mandarinen und Zigaretten war 14 Tage unterwegs und die schönen Brote musste ich alle wegwerfen. Ich habe geflucht vor Wut. Dass man überhaupt wagte, sie mir noch anzubieten. Wenn Ihr Montags kommt und mir etwas bringt, so wartet doch bitte darauf, dass ich Euch Sachen mitgeben kann, z. B. Dein schwarzes Kleid, den schwarzen Mantel und auch Wäsche, die mir die Kommissare am Anfang versehentlich brachten von Rali aus der leeren Wohnung. Ich habe sie nie benutzt. Der Aus- und Eingang zum Alex ist gesperrt, da aus Sachsenhausen Flecktyphus*[167] *eingeschleppt ist. Es kann ja noch reizend werden…*

165 Die Gesetzesverschärfung wurde rückwirkend angewandt, was nach allgemeiner Rechtsprechung nicht erlaubt ist.

166 Selbstgebackene Plätzchen bzw. Kekse, in Anlehnung an das süddeutsche Guatl/Gutsle/ Guatsle, ein Begriff, der, wie andere in der Familie übliche, von der aus Bayern stammenden Großmutter Amalie kam.

167 Im KZ Sachsenhausen grassierte vor allem unter den sowjetischen Kriegsgefangenen seit 1941/42 Typhus.

Wie geht es Euch? Wo ist Tim[168] *und wo Meme? Ich habe so große Sehnsucht nach Euch und nach Fischerhude. In meiner Zelle hängen zwei Reproduktionen von Bildern v. Otto M.*[169] *aus Fischerhude. Das eine ist ein Motiv mit den Pappeln hinter dem Haus. Ich bekam sie ganz zufällig hier und bin recht froh, Fischerhuder Landschaften hier zu haben. Ich warte und warte und bin sonst sehr wohlgemut. Man merkt es mir nicht an, dass ich dieses harte Urteil bekommen habe.*
Meine liebe Mama, auch Du und Ihr alle müsst mit mir hoffen – es wird schon nicht so kommen. In den ersten Tagen nach dem Urteil hatte ich eine ganz merkwürdige Stimmung. Ich war völlig zum Sterben bereit – wofür, das wusste ich allerdings auch nicht – aber der Tod an sich war nichts Grauenvolles für mich, und das ist er auch heute nicht. Es gibt keinen Tod, das weiß ich ganz genau. Ich werde mit Euch sein, in und um Euch,

168 Catos Bruder befand sich inzwischen an der Ostfront in der Zentralukraine, wo die Rote Armee die Wehrmacht in schwere Kämpfe verwickelte.

169 Otto Modersohn, Catos Onkel.

Abb.: Foto von Olga Bontjes van Beeks Ölbild »Überschwemmte Wiesen«, 1936. Cato hatte es bei sich in der Zelle.

sollten meine Hoffnungen vergebens sein und ich müsste doch sterben. Ich kann darüber ganz klar nachdenken. Der Gedanke an Euren Schmerz, das ist das Schrecklichste. Für mich hat alles tatsächlich immer noch ein mildes Gesicht, und innerlich bin ich gänzlich frei von Hass oder Groll gegen irgendeinen Menschen. Eine ganz große Leichtigkeit habe ich in mir, und die nimmt mir alle Schwere.
Mama, meine Nachbarin Fräulein Marie Terwiel[170] *hat dasselbe Urteil. Ihre Mutter darf es nie erfahren, sie ist sehr alt und es würde ihr das Leben rauben. Nun bitte ich Dich, rufe bei der Nummer 961065 an und verlange entweder Herrn Dr. Gert Terwiel oder Frl. Dr. Ursula Terwiel. Sag, Du hättest Grüße auszurichten und triff Dich mit ihnen irgendwo und sag ihnen, dass ihre Schwester Marie auch zum Tode verurteilt ist. Vielleicht können sie über folgende Namen etwas erreichen: Furtwängler, Esse und Bielenburg. Man weiß nicht, ob die Post und die Telefongespräche überwacht werden.*
Du kannst mir ruhig Sachen zum Essen bringen. Augenblicklich ist Sperre, denn es sind ein paar Fälle mit Flecktyphus. Aber Du kannst es ja montags versuchen.
Eigentlich habe ich ja immer Glück im Leben, warum soll ich es dieses Mal nicht haben? Ach, meine liebste Mama, ich hoffe ja so sehr, dass auch Du so fühlst wie ich. Es wäre eine sehr große Beruhigung für mich.

170 Maria Terwiel, auch Marie oder Mimi genannt, Juristin, gläubige Katholikin, hatte Flugschriften der *Roten Kapelle* sowie Predigten des Münsteraner Bischofs Clemens August Graf von Galen gegen die Euthanasie abgeschrieben und verteilt. Sie war Teil eines Netzwerkes zur Unterstützung von Juden, die in Berlin auf der Flucht oder dort untergetaucht waren. Ihre Mutter Rosa Terwiel, geb. Schild, war Jüdin. Nach den Rassegesetzen des NS-Regimes durfte die Tochter ihren Lebensgefährten, den Zahnarzt Helmut Himpel, nicht heiraten. Himpel, ebenfalls Anhänger der *Roten Kapelle* und Widerstandskämpfer, wurde am 13. Mai 1943, Maria Terwiel am 5. August 1943, also am selben Tag wie Cato, in Plötzensee hingerichtet.

Ihr müsst es ganz schlau anfangen mit einem Gnadengesuch von Eurer Seite. Ich darf es Euch ja nicht sagen und auch der Anwalt durfte es nicht.
Ich umarme Euch alle und küsse Euch viel, vielmals. Noch lebe ich, es wird sicher nicht so kommen, auch für Heinz nicht. Es ist so unfassbar.
Immer Deine Dich liebende Dodo.

Cato war sich nicht sicher, ob ihre Mutter ihren Abschiedsbrief kurz nach dem Todesurteil überhaupt erhalten hatte. Weil sie die Möglichkeit hatte, ihre Post unkontrolliert aus dem Gefängnis zu schleusen, schildert sie Einzelheiten des Prozessverlaufs. Sie schien voller Hoffnung, dass das Glück sie in dieser fast ausweglosen Lebenssituation nicht verlassen und sie mit dem Leben davonkommen würde. Deswegen drängte sie ihre Mutter und andere Verwandte, alle Hebel in Bewegung zu setzen und Gnadengesuche einzureichen.

Die Gefangene blieb aber auch selbst nicht untätig. An den Präsidenten des Reichskriegsgerichts richtete sie ein Gnadengesuch für ihren Freund Heinz Strelow. Ihre Eingabe zeugt von Mut, Entschlossenheit und zugleich von ihrer tiefen Liebe zu Strelow. Sie wollte nichts unversucht lassen, sein Leben zu retten, und zugleich warf sie ihr eigenes Leben mit in die Waagschale. Strelow hatte als Mitglied des Kommunistischen Jugend-

Abb.: Heinz Strelow, um 1940

verbandes bereits in den 1930er-Jahren Erfahrungen im Untergrundkampf gesammelt und war 1935 für einige Wochen in Hamburg-Fuhlsbüttel inhaftiert gewesen. Die Art, wie Harro Schulze-Boysen Aktionen gegen das NS-Regime plante und durchführte, hielt Strelow für draufgängerisch und leichtsinnig. Daraus entstand der von Cato beschriebene Konflikt, der dazu führte, dass Strelow und Cato sich von der *Roten Kapelle* trennten. Der genaue Zeitpunkt ist nicht bekannt.

15. Februar 1943

An den Herrn Präsidenten des Reichskriegsgerichts[171]
Berlin-Charlottenburg Witzlebenstr.

Sehr verehrter Herr Präsident!
Es ist mir ein großes Bedürfnis, Ihnen noch einiges über Heinz Strelow zu schreiben, und ich bitte Sie ergebenst, mir dies zu gewähren.
Ich weiß, dass Heinz Strelow früher der kommunistischen Jugendorganisation angehört hat. Er war damals noch sehr jung, und er gehört auch zu der Generation, die im vorigen Weltkrieg geboren wurde und allen geistigen Strömungen ausgesetzt war. Aber ein Mensch, der solche Gedichte schreibt wie Heinz Strelow, kann niemals den Materialismus bejahen und darum auch nie Kommunist sein.
Wenn Schulze-Boysen behauptet, seine Weltanschauung wäre die gleiche wie die von Heinz Strelow, so kann ich mir diese Lüge nur so erklären, dass er dies in seiner Eitelkeit sagte. – »Ich

171 Präsident des Reichskriegsgerichts an der Witzlebenstraße 4-10 in Berlin-Charlottenburg war Admiral Max Bastian. An der Spitze der zweiten Kammer, die über die *Rote Kapelle* verhandelte, stand Senatspräsident Dr. Alexander Kraell. Als Chefankläger fungierte Oberstkriegsgerichtsrat Dr. Manfred Roeder.

stehe nicht allein da, andere denken ebenso wie ich.« – Auch erwähnt Sch.-B. nichts in seinen Protokollen von der Auseinandersetzung, die zwischen ihm und Heinz Strelow stattfand, bei der auch Herr Thiel[172] *zugegen war, und die den endgültigen Bruch herbeiführte. Heinz Strelow äußerte sich mir gegenüber des Öfteren, wenn Schulze-Boysen Diktator würde, gäbe es für uns nur eins – fliehen, fliehen. Wir sind beide entschlossen, unser Leben und Schicksal gemeinsam zu teilen; diese letzte Zeit hat es bewiesen, dass es nur dies eine für uns geben kann. Sollte Heinz Strelow sterben müssen, so verliert das Leben auch für mich seinen Wert.*

Gnade, die mir allein, ihm aber nicht zuteil wird, erscheint mir auch nun in den schweren Stunden der Todeserwartung als eine neue Strafe. Ich bitte daher, die Aussetzung der über mich verhängten Strafe nicht zu erwägen, wenn die für meine Entlastung sprechenden Gründe nicht ausreichen, um das Leben von Heinz Strelow zu schonen.

Ergebenst
Cato Bontjes van Beek

Die vom Reichskriegsgericht Verurteilten stellten sich am 13. Februar 1943 einer Nachverhandlung. Dabei sahen Cato Bontjes van Beek und Heinz Strelow sich zum letzten Mal wieder. Die Anhörung weckte bei Cato die Hoffnung, dass der ganze Prozess vielleicht noch einmal neu aufgerollt und mit anderen Urteilen enden werde.

172 Fritz Thiel, Mitangeklagter im Prozess vor dem Reichskriegsgericht, wurde wegen »Vorbereitung zum Hochverrat und wegen Feindbegünstigung« zum Tode verurteilt und am 13. Mai 1943 hingerichtet.

15. Februar 1943

Meine liebste Mama,
jetzt sind es genau vier Wochen seit meinem Urteil. Welch eine schreckliche Zeit, und trotzdem habe ich Hoffnungen, solange ich lebe. Es ist einfach alles so unvorstellbar, und ich kann gar nicht anders als hoffen für Heinz und mich.
Es war so schön, dass ich ihn nach so langer Zeit wiedersah, und das einzig Schöne haben diese schweren Tage mir doch gegeben und gezeigt, dass ich Heinz liebe und er mich wirklich liebt.
Am Sonnabend waren wir alle noch einmal zu einer Nachvernehmung. Ach, ich bin wieder mit so großen Hoffnungen in meine Zelle gegangen.
Ich stehe jetzt zwischen Leben und Tod. Die Vorstellung des Todes hat für mich absolut nichts Grausiges, denn ich bin so überzeugt davon, dass es einen Tod im üblichen Sinne gar nicht gibt. Das, was in mir ist, kann und wird nicht sterben. Aber meine Liebe zu den Menschen ist noch viel größer geworden. Ich hätte in der Nacht nach dem Urteil Bände über die Liebe schreiben mögen, ich war so übervoll davon.
Wie geht es Euch? Ich weiß, dass Du und Papa ein Gesuch geschrieben habt. Liebste Mama, ich möchte Dich so gern bei mir haben. Wenn Du räumlich auch nicht bei mir bist, so spüre ich aber trotzdem immer Deine Nähe und Deine Liebe, die mich zu beschützen scheint. Jetzt ist es genau ein Jahr her, als ich Dir den großen Kummer machte. Es hatte nichts damit zu tun, wofür ich nun sterben soll, das war vorher und nur ganz kurz. Heinz sagte mir damals, nach dem Urteilsantrag, falls ich am Leben bliebe, sei es ein großer Wunsch von ihm, dass ich Dich mit ihm versöhne, und ich weiß, Mama, dass Du es auch wirst – auch um meinetwillen. Du wirst sicher noch in Berlin sein, denke ich mir, und ich bin ja so oft bei Euch. Wenn ich im Bett liege, dann stelle ich mir vor, wir seien alle zusammen in dem lieben Fischerhude, und in Gedanken gehe ich durch

alle Zimmer und ich seh' jede Kleinigkeit vor mir. Ich musste so lachen, als plötzlich das Lebkuchenherz vor meinen Augen stand, das ich Dir als Kind einmal vom Jahrmarkt aus Bremen mitbrachte und in der Küche sicher immer noch hängt.
Wo ist Tim und wo Meme? Hätte ich doch nur öfter Nachricht von Euch. Den Brief von Jossies Geburtstag habe ich bekommen, ich war sehr glücklich darüber. Auch Papa soll mir mal schreiben und Rali. Wie es in der Werkstatt geht, muss sie auch geschlossen werden?[173] *Wenn wir zum Kriegsgericht fahren, dann kommen wir immer an unserem Haus vorbei, und an Papas Geburtstag fuhr das Auto da gerade ein wenig langsamer, und da habe ich Vasen von uns im Laden nebenan sehen können. Ich war froh darüber wie ein kleines Kind.*
Wie geht es Adada und allen, allen anderen? Seid nicht zu traurig um mich – das macht es mir viel schwerer. Ich habe Hoffnungen bis zum letzten Atemzug. Wenn es doch sein muss, dann sterbe ich ganz ruhig, mit viel, viel Liebe zu Euch, die Ihr mir so nahe steht, zu Heinz und zu allen, allen Menschen. Ich fürchte mich gar nicht davor – aber meine Sehnsucht ist doch das Leben. In mir ist alles ganz leicht und unbeschwert. Ob es gut ist, dass ich keine Kinder habe? Ich wünschte aber, ich hätte eins.
Liebste Mama, versuche mir oft zu schreiben, sei nicht zu traurig, der Gedanke ist sehr schwer für mich. Ich grüße alle und schließe Dich fest in meine Arme und küsse Dich.
Immer Deine Dodo.

173 Weshalb die Schließung der Keramikwerkstatt im Frühjahr 1943 zur Diskussion stand, ist nicht bekannt. Ein denkbarer Grund wäre der Mangel an Arbeitskräften oder die Befürchtung, Jan Bontjes van Beek könnte zur Wehrmacht eingezogen werden. Seit der verlorenen Schlacht um Stalingrad rekrutierte das Oberkommando der Wehrmacht alle erdenklichen Kräfte.

Todesbereit und hoffnungsvoll – in diesem extremen Spannungsfeld bewegte sich Cato in ihrer Zelle im Polizeigefängnis am Alexanderplatz. Zwei Tage später schrieb sie einen Liebesbrief an Heinz Strelow, der zugleich nach Abschied klang.

17. Februar 1943

Lieber Heinz,
jetzt ist es schon bald wieder eine Woche her, als wir uns gesehen haben, und dabei scheint es mir eben erst gewesen zu sein. Es war so schön – und nun freue ich mich, dass es bald vielleicht wieder einmal sein wird.
Wie geht es Dir? Ich hoffe so sehr, dass auch Dir diese letzte Zeit nicht schwer wird. ... Ich habe mir vorgestellt, wenn wir uns zuletzt noch einmal sehen könnten, ich glaube, ich würde sagen: »Bis nachher!« Aber wo treffen und finden wir uns dann in dem großen All? Ich pfeife dann immer unser Lied »Väterchen teures, höre...«[174] *und dann wirst Du mich schon hören und finden. Zigaretten werde ich Dir aber nicht mitbringen, ich glaube, das macht einen zu schlechten Eindruck beim lieben Gott – er wird etwas viel Schöneres für uns haben. Vielleicht wartet er schon auf uns und da können wir ihn eigentlich unmöglich enttäuschen und nicht kommen. ---*
Mama schickte mir eine wunderbare Reproduktion eines Stilllebens von Cézanne[175]*. Es ist in den Farben ganz wunderbar. Ach, Heinrich, den alten Cézanne besuchen wir oben auch. Vielleicht sitzt er mit Großvater*[176] *zusammen.*

---

174 »Väterchen teures höre«, Arie der Lauretta aus »Gianni Schicchi« von Giacomo Puccini (1858-1924).

175 Paul Cézanne (1839-1906), französischer Maler.

176 Mit Großvater ist der 1914 verstorbene Heinrich Breling gemeint, der 1908 das elterliche Wohnhaus in der Bredenau gebaut und die Malerkolonie Fischerhude gegründet hatte.

Denkst Du manchmal, dass Du viel im Leben versäumt hast? Ich eigentlich gar nicht. Entweder es geht weiter für mich, ganz folgerichtig, oder es wird plötzlich gewaltsam abgerissen, dann war das Vorhergegangene auch gut und die Erinnerung ist sehr schön, sie macht mich aber nicht traurig. Und ich bin so voller Lebendigkeit nun, dass ich mich wundere, trotzdem allem so getrost entgegenzusehen.
Mama schickte mir ein Bändchen Rilke-Gedichte. Sie gefallen mir doch gut – ich versuche immer wieder, sie ganz unvoreingenommen zu lesen, und dann auch kritisch. Es sind wirklich einige sehr prächtige darunter. Ich las soeben einen Aufsatz von Schopenhauer: »Über den Tod und sein Verhältnis zur Unzerstörbarkeit unseres Wesens an sich«[177]. Es war Zufall, dass ich diesen Aufsatz bekam. Aber ich brauche nicht Kraft zu schöpfen aus einer Definierung des Todes, und so schön gesagt das alles klingt, was über den Tod da geschrieben steht – ich habe meine eigenen Ansichten, die mir viel mehr geben und sagen, es grenzt schon an eine Selbstverständlichkeit. Ich habe mir eben überlegt, es ist doch alles ein »geistreiches Durch-die-Nase-Gesäusele«, wie Jan immer sagte – oder warst Du es? Wir können so etwas nun beurteilen, denn wir erfahren es nun, ob es stimmt oder nicht.
Ich sitze in meinem Bett mit einem dicken Buddha-Bauch voll Suppe. Wie ich mich nun an das Nichtstun gewöhnt habe – ich kann nun stundenlang liegen und nur die vorüberziehenden Wolken ansehen, ich denke dann »Ob Heinz sie auch sieht?«, und auch des Abends, wenn der ganze Himmel voller Sterne ist. Für Dich habe ich den Orion ausgesucht. Du hast mich ja immer ausgelacht, wenn ich Dir Sterne zeigen wollte, und wolltest den Kopf nie hoch heben – kannst Du Dich an das Gedicht in Prosa

177 Arthur Schopenhauer (1788-1860), »Über den Tod und sein Verhältnis zur Unzerstörbarkeit unseres Wesens an sich«, Leipzig, 1886.

von Baudelaire[178] entsinnen von dem Mann, den einer fragt, was ihm am teuersten ist, und wie er dann schließlich sagt: »Die Wolken, die Wolken, die vorüberziehenden!«? Das fällt mir immer wieder ein, wenn ich Wolken betrachte.
Die größte Strafe ist nun ja, dass wir diese Zeit nicht zusammen sein dürfen. Das tut mir manchmal unsagbar weh, aber in Gedanken bin ich fast immer bei Dir oder draußen bei der Familie. Vielleicht wäre es für Deine und meine Mutter leichter zu ertragen, wenn sie uns sehen könnten und wüssten, dass es für uns nicht so schwer ist zu sterben wie sie denken.
Mein liebster Heinz, es war schön mit Dir zusammen, so kurz es war – draußen und besonders diese wenigen schmerzvollen Stunden hier in Gefangenschaft, die uns aber doch das Schöne gegeben haben – unsere Liebe.
Verlier auch Du, mein lieber, lieber Heinz, nicht die Hoffnung, trotz aller Todesbereitschaft.
Ich grüße und umarme Dich.
Immer Deine Dodo.

Der folgende Brief an Olga Bontjes van Beek wurde von zwei Däninnen aus dem Gefängnis geschmuggelt, die mit Cato eine Nacht lang die Zelle im Polizeigefängnis geteilt hatten. Die beiden waren in Berlin auf Arbeitssuche und besaßen offenbar keine gültigen Papiere für ihren Aufenthalt in Deutschland. Nach ihrer Haft suchten die Frauen Catos Mutter auf und händigten ihr den Brief aus. Olga Bontjes van Beek erzählte später, die Däninnen seien wegen der Festnahme verzweifelt gewesen, aber »Cato tröstete sie, stellte

178 Das Gedicht »Der Fremdling« von Charles Baudelaire (1821-1860) endet mit den Worten: »Ich liebe die Wolken – Die Wolken, die vorüberziehen ... dort unten ... die wunderbaren Wolken!«, übersetzt von Dieter Tauchmann, Charles Baudelaire, »Die Blumen des Bösen / Der Spleen von Paris«, Leipzig 1973.

ihnen ihr Bett und, da es in der Nacht kalt wurde, ihre Decken zur Verfügung. Vor Aufregung hatten sie nicht schlafen können. Cato erzählte ihnen fast die ganze Nacht hindurch Geschichten. Plötzlich sagte sie: ›Der arme Mensch dort unten (es war ein Neffe von Hjalmar Schacht[179], Sven Schacht) ist jetzt gewiss sehr traurig. Ich werde jetzt ein wenig steppen. Ich weiß, das tröstet ihn.‹«[180]

Im Brief setzt sich Cato erneut kritisch mit der Rolle von Harro und Libertas Schulze-Boysen im Prozess auseinander. Im Gericht kursierten viele Gerüchte über das Verhalten der beiden bei den Vernehmungen.

2. März 1943

Meine liebste Mama,
jetzt sind es schon sechs Wochen her seit dem Urteil und ich lebe immer noch. Hätte man mich in den ersten Tagen geholt, wäre ich willig gegangen, aber nun ist doch der große Lebenswille mit Macht wieder in mir ausgebrochen und fast kann ich es mir nicht mehr vorstellen, dass es morgen, übermorgen oder in ein paar Wochen vielleicht doch aus sein soll. Jetzt sind meine Gedanken so viel hier auf dem Boden, und mit Spannung verfolgen wir das Geschehen in der Welt, und alles ist von einer großen Hoffnung beseelt. Vielleicht haben wir alle Glück! Sei es durch Gnadengesuche oder sonstige Anlässe[181]*. Du wirst wissen, dass das Urteil am 18. Januar gefällt wurde. Mit welchen Hoffnungen bin ich zur Verhandlung gegangen! Heinz war der erste, der*

179 Hjalmar Schacht (1877-1970), bis zu seiner Abberufung Reichsbankpräsident, 1944 verhaftet, nach dem Krieg wieder Bankier.

180 Undatierte Aufzeichnung von Olga Bontjes van Beek. Archiv Saskia Bontjes van Beek.

181 Über das Kriegsgeschehen, insbesondere an der Ostfront, gelangten auch Nachrichten ins Gefängnis. Cato knüpfte daran die Hoffnung, dass es mit dem NS-Regime bald zu Ende sein könnte.

vernommen wurde, und dann kam ich. Es war so aufregend und anstrengend, während der ganzen übrigen Verhandlung dabei zu sein – wir waren vier Frauen und fünf Männer. Heinz und ich kannten nur einen Mann flüchtig und wir beide bildeten einen Komplex für sich, da wir mit den anderen nichts zu tun hatten. Als ich am Abend des ersten Verhandlungstages in meiner Zelle war, wusste ich, dass es viel ernster ist, als ich angenommen hatte, und ich schätzte, dass der Oberst-Kriegsgerichtsrat[182] – der als Staatsanwalt fungierte – vielleicht zehn bis 15 Jahre beantragen würde für mich und dass das Gericht mir fünf bis acht Jahre geben würde. Ich glaubte, sehr, sehr hoch zu schätzen, und Du kannst Dir die Überraschung vorstellen, als der Ankläger für uns alle – außer einem 18-jährigen Mädchen – die Todesstrafe beantragte. Wir waren alle ganz junge Menschen, ein 19-jähriges Mädchen, im siebten Monat schwanger, ihr 21-jähriger Mann, ein 19-jähriger Student, ich 22 Jahre knapp, das andere Mädchen war 26 und ihr Freund, ein Professor der Sprachwissenschaft von der Universität Marburg, 40 Jahre und Heinz 27 Jahre.
Wunderbar waren die Schlussworte jedes Einzelnen, wir waren alle zutiefst erschüttert, denn niemand, wirklich niemand hatte diese Urteile erwartet. Meine Urteilsbegründung heißt: »Beihilfe zur Vorbereitung zum Hochverrat«, und das neue Gesetz ist bei uns zum ersten Mal angewandt worden, dass auch Beihilfe mit dem höchsten Urteil bestraft wird. Zweieinhalb Tage haben die Verhandlungen gedauert. Ich hatte nicht den Eindruck, dass die vier Generäle und der Senatspräsident diese Urteile aus sich heraus gaben, sondern es war ganz eindeutig Befehl von oben – wer nur den kleinen Finger für Harro Schulze-Boysen gerührt hat, muss das mit dem Leben bezahlen. Dass Heinz und ich unsere Arbeit abgebrochen hatten und mit Krach uns von Sch.-B. losgesagt hatten, spielte gar keine Rolle.
Traurig ist es nur, dass ich gar nicht weiß, wofür ich sterben soll.

182 Dr. Manfred Roeder.

Zehn, ja selbst fünf Jahre Zuchthaus wären sinnlos gewesen im Vergleich zur Tat. Aber durch diese hohe Strafe bekommt es irgendwie eine Verklärung und damit tröste ich mich. Schade, dass man die Öffentlichkeit ausschloss – aber trotzdem, Mama, es ist kein besonders großer Ruhm, mit der ganzen Sache etwas zu tun zu haben. Soweit ich es überblicken kann, haben sich Schulze-Boysen und noch viele andere führende Kräfte sehr schändlich benommen und dadurch unendlich vielen das Leben genommen. Sch.-B. war eben doch die ehrgeizige Abenteurernatur, für die Heinz und ich ihn gehalten haben, das hatte ja auch unseren schnellen Bruch herbeigeführt – leider trotzdem zu spät[183].

19. März 1943

Liebste Mama, ich schreibe den Brief weiter und hoffe sehr, dass er eines Tages bei Dir ankommen wird, auf irgendeine Weise. Ihr sollt wissen, wie all dies war, für den Fall, dass ich es Euch nicht mehr sagen kann. Ich weiß nicht, ob man dem Gerücht glauben kann, dass Libertas Schulze-Boysen noch lebt und nicht mit den anderen am 23. Dezember in Plötzensee hingerichtet wurde[184]. *Jedenfalls sind jetzt noch neue Verhaftungen, die aufgrund der*

183 Was Harro Schulze-Boysen betrifft, übernimmt hier Cato die Einschätzung von Heinz Strelow, der das forsche Vorgehen des Luftwaffenoffiziers ablehnte. Schulze-Boysen war jedoch keine Abenteurernatur, wie Cato schreibt, sondern ein politischer Kopf, der den Untergang Deutschlands frühzeitig kommen sah und durch seinen Widerstand verhindern wollte. Eine umfassende Würdigung seiner Person enthält das Buch: Hans Coppi, Geertje Andresen (Hg.), »Dieser Tod passt zu mir – Harro Schulze-Boysen – Grenzgänger im Widerstand«, Berlin, 1999.

184 Libertas Schulze-Boysen war am 22. Dezember 1942 wie ihr Mann und andere Widerstandskämpfer in Plötzensee hingerichtet worden. Richtig ist, dass sie die Namen von Mithäftlingen preisgab – jedoch nicht in der Absicht, sie der Gestapo auszuliefern, sondern um sie rechtzeitig zu warnen. Sie vertraute sich in ihrer Zelle einer Frau an, die angeblich ebenfalls dem Widerstand angehörte, in Wirklichkeit jedoch von der Gestapo den Auftrag hatte, Libertas Schulze-Boysen auszuspionieren.

Angaben Libertas' gemacht wurden. Libertas ist die Enkelin von dem Fürst Eulenburg[185]*, dem Freund vom Kaiser. Ich persönlich kann es mir nicht vorstellen, dass sie immer noch Menschen hineinzieht. Ich kannte sie gut, hielt sie für etwas verrückt, aber diese Schlechtigkeit kann ich mir nicht denken. Sie hat Heinz und mich allerdings auch belastet. Ich habe in der Beziehung ein völlig reines Gewissen.*
Die Behandlung von Seiten der Gestapo und auch hier am Alex war immer gut. In der Weise ging es mir nie schlecht. Herrlich ist die Kameradschaft. Wir haben uns alle gegenseitig geholfen und oft habe ich die Menschen nie gesehen und kenne nur ihre Stimmen. Es gäbe so viel zu erzählen, hätte ich die Gelegenheit einmal dazu. Ich will die Hoffnungen nicht aufgeben, und die beiden Nachrichten von Euch, die ich bisher bekam, bekräftigen mich noch darin. Aber nicht nur ich muss leben, auch Heinz. Unbedingt muss auch er leben.
Vor vier Wochen hatten wir alle eine Nachverhandlung bei einem anderen Senatspräsidenten. Wir wurden einzeln in ein Zimmer gerufen, und er fragte uns noch mal nach allem und verfasste ein Protokoll. Es war ein netter älterer Herr in Zivil. Er hat Heinz fast nur nach mir gefragt, und da habe ich gleich anschließend ein Gnadengesuch geschrieben. Sch.-B. hat in reiner Eitelkeit Dinge behauptet, die nicht stimmen und Heinz sehr geschadet haben.
Möge dieser Brief eines Tages zu Dir gelangen! Ich wäre dem Vermittler sehr, sehr dankbar. Ich glaube und hoffe weiter, bis zuletzt, und spüre Deine Liebe und die Liebe aller Lieben, und das gibt mir Kraft. Sei umarmt und geküsst von
Deiner Dodo

185 Großvater von Libertas Schulze-Boysen war Fürst Philipp zu Eulenburg-Hertefeld. Dieser besaß das Vertrauen von Kaiser Wilhelm II. und übte beträchtlichen Einfluss am Hof des Monarchen aus.

Die im ersten Teil des Briefes geäußerte Zuversicht basierte einmal auf den Gnadengesuchen, die inzwischen auch bei der NSDAP-Gauleitung Ost-Hannover in Lüneburg eingegangen waren, was Amelie Breling, Catos Tante, in einem Antwortschreiben der Gauleitung bestätigt wurde. Darin heißt es unter dem Datum 2. März 1943, der stellvertretende Gauleiter habe sich persönlich in der Kanzlei des Führers um die Gnadensache bemüht. Eine Auskunft sei nicht möglich, da die Akten des Kriegsgerichtes noch nicht vorlägen. Ein weiterer Grund für neue Hoffnung war das Kriegsgeschehen auf den Schlachtfeldern im Osten, wo sich das Blatt gegen die Wehrmacht gewendet hatte.

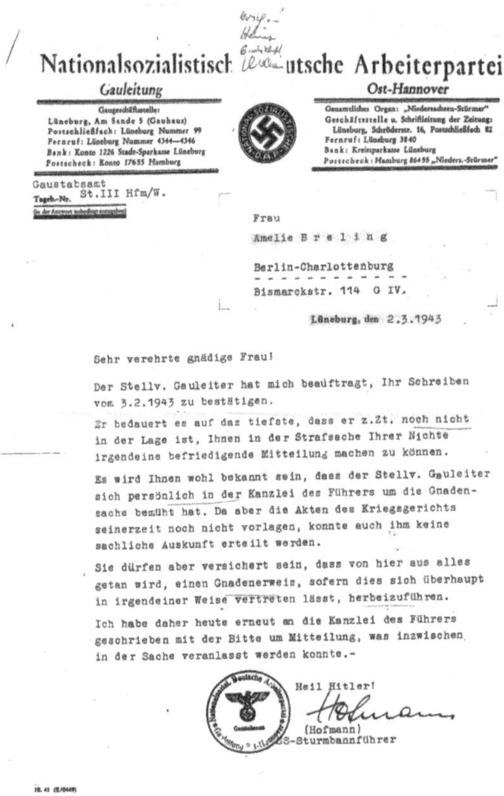

Nationalsozialistisch … utsche Arbeiterpartei

Gauleitung Ost-Hannover

Gaugeschäftsstelle:
Lüneburg, Am Sande 5 (Gauhaus)
Postschließfach: Lüneburg Nummer 99
Fernruf: Lüneburg Nummer 4344—4346
Bank: Konto 1226 Stadt-Sparkasse Lüneburg
Postscheck: Konto 17655 Hamburg

Gauamtliches Organ: „Niedersachsen-Stürmer"
Geschäftsstelle u. Schriftleitung der Zeitung:
Lüneburg, Schröderstr. 16, Postschließfach 82
Fernruf: Lüneburg 3840
Bank: Kreissparkasse Lüneburg
Postscheck: Hamburg 86455 „Nieders.-Stürmer"

Gaustabsamt
Tageb.-Nr. St.III Hfm/W.
(In der Antwort unbedingt anzugeben)

Frau
Amelie B r e l i n g
Berlin-Charlottenburg
Bismarckstr. 114 G IV.

Lüneburg, den 2.3.1943

Sehr verehrte gnädige Frau!

Der Stellv. Gauleiter hat mich beauftragt, Ihr Schreiben vom 3.2.1943 zu bestätigen.

Er bedauert es auf das tiefste, dass er z.Zt. noch nicht in der Lage ist, Ihnen in der Strafsache Ihrer Nichte irgendeine befriedigende Mitteilung machen zu können.

Es wird Ihnen wohl bekannt sein, dass der Stellv. Gauleiter sich persönlich in der Kanzlei des Führers um die Gnadensache bemüht hat. Da aber die Akten des Kriegsgerichts seinerzeit noch nicht vorlagen, konnte auch ihm keine sachliche Auskunft erteilt werden.

Sie dürfen aber versichert sein, dass von hier aus alles getan wird, einen Gnadenerweis, sofern dies sich überhaupt in irgendeiner Weise vertreten lässt, herbeizuführen.

Ich habe daher heute erneut an die Kanzlei des Führers geschrieben mit der Bitte um Mitteilung, was inzwischen in der Sache veranlasst werden konnte.-

Heil Hitler!
(Hofmann)
SS-Sturmbannführer

Abb.: Schreiben der NSDAP-Gauleitung an Amelie Breling, 02.03.1943

Berlin-Alexanderplatz,
17. März 1943

Meine liebste Mama,
es kommt mir so vor, als hätte ich Dir monatelang nicht mehr geschrieben. Aber ich bin ja immer in Gedanken bei Dir und allen Lieben. Wie schmerzlich es ist, dass ich Dich montags nicht sehen kann, wenn Du kommst und meine Wäsche holst und bringst.
Wie geht es Dir? Ich denke oft, was Du nun wohl malst oder was Du machst. Wie gern hätte ich ein Landschaftsbild von Dir hier in meiner Zelle! Am liebsten den Blick von der Quelkorner Mühle auf die Moorfelder. Weißt Du, dass Maiboom[186] *dasselbe Motiv gemalt hat? Ich habe hier in Berlin das Bild bei einer Familie gesehen. (Ich hätte es ja auch gemalt, wenn ich könnte!) Ich glaube allerdings ganz feste, dass ich all diese schönen Bilder wiedersehen werde und mein geliebtes Fischerhude. Wenn ich früher auf der Landkarte und in Gedanken ganze Reisen unternahm und mich auf einer Farm in den Wäldern Kanadas oder im Busch in Afrika sah und dann daran dachte, dass ich viele, viele Jahre von Fischerhude fort bin, dann überkam mich eine unendliche Traurigkeit und das Heimweh packte mich, als sei alles wahr, was ich mir ausgedacht habe.*
Ich lese immer wieder in dem »Lesebuch für Baumeister«. Wie schön sind die Briefe an einen jungen Architekten von Jakob Burckhardt. Man lernt ihn als Menschen kennen, und er wirkt als solcher auch sehr sympathisch.
Hast Du Nachrichten von Tim? Bitte, schreibe mir immer und oft, welche Nachrichten Du von ihm hast. Wie bin ich traurig, liebste Mama, dass Du so viel Sorgen nun hast. Du bangst um Tim in Russland und um mich hier im Gefängnis und mir will auch all das nicht in den Kopf. Ich habe oft ein großes Rad im Kopf und gehe dann in der Zelle auf und ab und träume von Euch

186 Wahrscheinlich ist der Maler Hans Meyboden gemeint.

und bin mit Euch in Fischerhude. Liebste Mama, Du warst jetzt also mit Emmchen dort zur Beerdigung von Otto Modersohn[187]*? Ist der Tod von Onkel Otto plötzlich eingetreten oder war er vorher krank? Hatten Ulrich und Christian Urlaub? Du musst beide sehr von mir grüßen und ich würde mich so freuen über Post von ihnen. Der Brief von Ulrich aus den Niederlanden hatte mich damals ganz besonders gefreut und auch Christian von seiner PK-Truppe.*[188] *Die Gewissheit, dass Ihr mich alle so lieb habt, ist nun das Schönste für mich, und meine Liebe zu Euch und allen Menschen stärkt mich sehr und macht mir vieles leichter. Ich denke oft an die kleine Geschichte, die Großmutter*[189] *erzählte. Der Pfarrer erzählt in der Kirche von den Leiden des Heiligen Sebastians. »Hier hat man ihm hineingestochen und da kam's wieder raus, und da, und dort ---!« Und die alten Weiberlein weinten und schluchzten über so viele Schmerzen. Da packte den Pfarrer das Mitleid, und er sprach: »Ach Weiberln, was weint's! Wer weiß, ob's wahr ist!« »Wer weiß, ob's wahr ist!« – das sage ich auch oft.*
Ich bin nicht mehr allein in meiner Zelle, sondern habe eine 39-jährige Warschauerin bei mir, mit dem schönen Namen Janina. Sie lernt bei mir Deutsch und ich erweitere meine polnischen Sprachkenntnisse. Die Zeit vergeht so sehr rasch, im Nu ist es Abend und kaum habe ich mich umgedreht, ist auch schon eine Woche herum. Ich bin aber doch viel lieber allein, der Raum ist zu knapp für zwei Personen.

187 Otto Modersohn, Maler und Ehemann von Louise Modersohn, geb. Breling, war am 10. März 1943 in Rotenburg / Wümme verstorben. Mit Emmchen ist Emma Breling gemeint.

188 PK = Propaganda-Kompanie, dem Oberkommando der Wehrmacht unterstellt und im Krieg für die Beeinflussung der Bevölkerung im Sinne des NS-Regimes zuständig.

189 Amalie Breling, geb. Mayer, die Großmutter von Cato, stammte aus Bayern und war bei Kindern wie Enkelkindern für ihren unerschütterlichen Optimismus und ihren deftigen Humor bekannt.

Ich las einen Rembrandt-Roman. Er war sehr schlecht, wie ich ja überhaupt solche Romane nicht leiden kann. Beim Betrachten der Bilder fiel mir ein: Wenn ich als Kind in unserem dicken Rembrandt-Buch blätterte und seine Selbstporträts ansah, meinte ich immer, das wären Großvater und Großmutter als junge Menschen.
Papa und Rali sollen mir doch bitte auch schreiben. Ihren Brief, den ich damals zwei Tage vor dem Termin bekam, fand ich sehr schön, und ich wünschte mir öfter solche Briefe. Mama, Du musst sie herzlich grüßen und küssen von mir. Es wäre schön, wenn ich von ihnen und den drei Kleinen ein paar Bilder bekommen könnte, damit ich Euch alle bei mir habe.
Ist das Memerl noch im Allgäu? Ihr Brief war sehr traurig. Hoffentlich geht es ihr gesundheitlich besser. Malt und zeichnet sie fleißig? Schreibt mir alle viel, es ist eine große Freude für mich. Wie geht es Sibylle und Valerie? Ich denk auch sehr viel an sie und bedauere es immer noch, dass ich Sibylle nicht mit ihrem Cornelisje sehen konnte, auch an Charly Grüße.
Wie es Heinz wohl geht? Er war recht mager, als ich ihn vor vier Wochen sah und sah schlecht aus. Über mein Aussehen wundern sich alle Menschen. Ich habe immer noch rote und dicke Backen, trotzdem ich ein halbes Jahr keinen Spaziergang in der frischen Luft gemacht habe.
Die Vögel singen des Morgens vor meinem Fenster, und den ganzen Vormittag scheint die gute Sonne in meine Zelle. Es soll mich nicht traurig machen. Was auch kommt, ich habe keine Angst und blicke zuversichtlich in die Zukunft und weiß selbst nicht, woher ich diese Zuversicht nehme. Es ist ein starker Glaube in mir, und hier habe ich erfahren, dass ich immer schon religiös war, und das hat sich nun sehr gefestigt.
Meine liebste Mama, wenn Du Tim schreibst, so schicke ihm meine Liebe, ich denke immer an ihn. Gott schütze ihn! Grüße und küsse meine liebe Meme und alle, alle Lieben.
Ich umarme Dich und möchte dir den Kummer nehmen.
Innigst Deine Dodo.

Eine Postkarte ihrer Schwester Mietje aus Passau weckte bei Cato lebhafte Erinnerungen an die Stadt, die sie im Sommer 1942 besucht hatte.

Berlin-Alexanderplatz,
24. März 1943

Meine liebste Meme,
eben bekam ich einen Gruß von Dir aus Passau und weiß, dass du nun in dem lieben Schönberg bist. Du kannst Dir denken, wie sehr die Erinnerungen vom letzten Sommer in mir wach werden. Sollte es wirklich der letzte Sommer gewesen sein? – Weißt Du, Meme, ich kam morgens um fünf Uhr in Passau an und ging gleich in die Frühmesse. Das hatte mir Heinz geraten, und es war der erste Gottesdienst in einer katholischen Kirche, den ich erlebte. Ich kenne alle Kirchen in Passau und habe sie alle genau angesehen. Warst Du in dem alten Dom? Dort ist die allergrößte Orgel der Welt[190]*, und ich hörte zwei Bach-Konzerte. Wunderbar ist der Hof von dem Dom mit den alten Grabsteinen. Dann musst Du zum Schlageter-Denkmal*[191] *gehen. Von dort hast Du einen herrlichen Blick auf die Stadt, die Donau, den Inn und die Ilz. Fahre mit der Fähre über den Inn und laufe bei der Wassermühle vorbei zum Schlageter-Denkmal. Dort habe ich auch die ersten Tabak-Blätter gesehen, auf einer Schubkarre, an der Straße. Ich wohnte damals in einem Hotel direkt an der Donau, und wenn ich ein paar Schritte weiter ging, stand ich am Inn. Ach, mein liebes Memerl, ich sehe alles so deutlich vor*

190 Die 1928 erbaute Passauer Domorgel mit 208 Registern galt damals als die größte Orgel der Welt.

191 Das Schlageter-Kreuz bzw. Denkmal wurde 1933 errichtet. Albert Leo Schlageter (1894-1923), Soldat im Ersten Weltkrieg, Angehöriger verschiedener Freikorps, von Frankreich während der Ruhrbesetzung 1923 wegen Spionage und Sprengstoff-Anschlägen zum Tode verurteilt und hingerichtet, wurde zum Säulenheiligen der NS-Bewegung.

mir, den Soldaten, der eifrig in der Donau fischte, ich sah ihm immer zu, wenn ich auf der Terrasse frühstückte. Du warst doch sicher auch in Urgroßvaters Ratskeller[192]? Der jetzige Besitzer zeigte mir den Platz, wo der Lehnstuhl von Urgroßvater immer stand. Ich könnte Dir noch so viel von Passau schreiben, denn es ist für mich die schönste Stadt, die ich kenne, und darum ist es mir sehr begreiflich, dass Du Dich nicht mehr trennen magst.

Mama schrieb mir aus Fischerhude einen sehr schönen Brief, der mich glücklich und traurig zugleich machte. Die Wiesen sind längst nicht mehr überschwemmt, und die Stare haben sich in der Dachrinne breitgemacht. Sie buddeln mit Emmchen im Garten, und es war mir so, als stiege der Duft der Erde aus dem Brief in meine Zelle. Du kannst Dir denken, wie weh es Mama tut, uns Drei nicht bei sich zu haben, und dass ich ihr diesen Schmerz gemacht habe, plagt mich Tag und Nacht. Tim in Russland, Du in Schönberg und ich – im Knast.

Wenn ich meine Augen ganz fest zumache, dann seh' ich all das lebendig vor mir, was ich von ganzem Herzen liebe. Und heute weilen meine Gedanken bei Dir und gleichzeitig bei Mama und Tim. Heute wie alle Tage. Ich glaube, dass sich auch bei Dir die Sehnsucht nach unserem Fischerhude ins Herz geschlichen hat, denn auch Du warst ja lange fort von dort. Es ist doch

192 Josef Mayer (1832-1902), der Vater ihrer Großmutter Amalie, auch genannt »Tenor-Mayer«, wegen seines herrlichen Tenors als Solist in der Kathedrale wie auch in der Synagoge zu hören. Münchner Rathauskellerwirt und später Inhaber des Passauer Ratskellers.

Abb.: »Überschwemmte Wiesen«, Foto: Klaus Rohmeyer

toll, wenn man trotz der schönsten Gegenden und der lieben Menschen nicht das Heimweh nach Fischerhude los wird. Und wären wir im Himmel und ritten auf Wolken – den Duft der überschwemmten Wiesen und der Erde würden wir sehr vermissen. Wie gut verstehen wir deshalb auch die Bücher von Giono[193]. Wie gern hätte ich eins von ihnen hier!
Meine allerliebste Meme, es war so ein dringendes Bedürfnis von mir, mich mit Dir ein wenig zu unterhalten. Verzeih' mir, dass ich mich noch gar nicht nach Deinem Befinden erkundigt habe. Ich hoffe so sehr, dass es Dir wieder ganz besser geht und Du nichts mehr von der vorjährigen Krankheit spürst. Die Luft des Gebirges tat Dir sicher sehr wohl und nun geht es Dir wieder gut. Aber trotzdem, liebes Memerl, nimm Dich noch in Acht, besonders nun im Frühjahr, aber Du hast ja Adada bei Dir, die gut aufpassen wird auf Dich.
Ich bin nicht mehr allein in der Zelle, sondern habe eine Polin. Sie lernt bei mir Deutsch und ich bei ihr Polnisch. Ich kann jetzt ein polnisches Lied mit einer ach so sehnsüchtigen Melodie. Es geht mir nicht schlecht, trotzdem ich lieber allein wäre. Die Sonne scheint den ganzen Vormittag auf mein Bett, und ich genieße sie sehr und ebenso des Nachts den Mond. Wie gut, dass wir die haben, und manchmal denke ich an das Gedicht von Li Tai-po[194]: »Wann werden wir drei uns wiedersehen: der Mond, mein Schatten und ich?«
Ich hoffe und warte. Hoffen werde ich bis zuletzt und meinen Humor auch nicht verlieren. Glaub mir, mein Liebes, ich bin so, wie Du mich in Fischerhude kennst. Der ganze Berliner Aufenthalt war doch ein Spuk und hat mir großes Elend gebracht. Ist

193 Jean Giono (1895-1970), französischer Schriftsteller, gehörte zu den Lieblingsautoren von Cato.

194 Li Tai-po (701-762), chinesischer Dichter und Philosoph der Tang-Zeit, bedeutender Lyriker, bekannt durch Aphorismen, Sinnsprüche und Gedichte.

es bald ein Jahr her, dass wir uns sahen? Du lagst damals im Wohnzimmer in Fischerhude, und ich kam unerwartet für ein Wochenende. Wie geht es Hannes und Detta, die damals auch da waren? Heinz sah ich vor vier Wochen, es war sehr schön, ihn zu sehen, und ich hoffe immer, dass auch er sein Schicksal so gut erträgt wie ich es tue, und ihm alles nicht allzu schwer wird. Schreibe Du viel Tim, wie gerne täte auch ich es, und auch Ulrich, der nun wieder im Osten ist. Sehr würde auch ich mich wieder über einen Brief von Dir freuen. Ich umarme Dich und Adada und küsse Euch beide sehr ...
Immer Deine Dodo.

Die Anweisung, nur alle vier Wochen einen Brief zu schreiben, hatte Cato offenbar mit Duldung der Gefängnisleitung längst durchkreuzt. Am 28. März 1943 richtete sie einen weiteren Brief an ihren Freund Heinz Strelow, der noch, wie andere Widerstandskämpfer auch, in der Strafanstalt Spandau inhaftiert war, bevor er nach Plötzensee überstellt wurde. Es sollte ihr letzter Brief an ihn sein.

Berlin-Alexanderplatz,
28. März 1943

Mein lieber, guter Heinrich,
ich weiß nicht, ob Du meinen letzten Brief bekommen hast, hoffentlich lenkt aber ein guter Stern diesen Brief in Deine Hände. Ich habe so große Sehnsucht, Dir zu schreiben. Wie mag es Dir wohl gehen? Das frage ich mich jeden Tag, und all meine Gedanken sind dann bei Dir.
Hast Du Post und Nachricht von Meta[195]? Von Mama bekam ich vorgestern einen schönen Brief aus Fischerhude – wenngleich

195 Meta Strelow, Mutter von Heinz Strelow.

der Anlass zu dieser Fahrt[196] *traurig war, denn Otto Modersohn ist ganz plötzlich gestorben – es muss jetzt aber landschaftlich wunderbar dort sein. Mama hat im Garten umgegraben, und der Duft der Erde kam mir richtig aus dem Brief entgegen. Dort in Fischerhude bekam sie auch die erste Nachricht seit dem 20. Januar von Tim. Tim ist seit ein paar Wochen in Russland, war eingekesselt und hat zusammen mit seinem Chef und dem V.B.*[197]*-Offizier das E.K.*[198] *bekommen.*

Ich bin nicht mehr allein in der Zelle, sondern habe eine Polin bei mir; ich könnte manchmal platzen, so eng kommt es mir vor. Aber ich vertrage mich sonst gut mit ihr.

Denk Dir, Meme schrieb mir aus Passau, sie bleibt nun drei Wochen bei Amelie im Bayerischen Wald. Ich habe gleich einen Brief geschrieben mit all meiner Liebe zu Passau, dem Bayerischen Wald mit den Zwiebel-Kirchtürmen. Erinnerst Du Dich noch an Lam und den Lamer Winkel? Es kommt mir alles wie im Traum vor. Aber glaube nicht, dass ich mit meinen Gedanken in der Vergangenheit lebe. Ich denke immer noch weiter vorwärts und dann plötzlich fällt mir ein, dass es ja auch bald aus sein kann. Wäre es in der ersten Zeit geschehen, hätte ich mich leichter von Allem trennen können. Ich fürchte, nun würde es mir sehr viel schwerer fallen.

Ich lese immer wieder in dem »Lesebuch für Baumeister«, das Du mir vor genau einem Jahr schenktest. Fürst Pückler-Mus-

196 Olga Bontjes van Beek war zur Beerdigung von Otto Modersohn nach Fischerhude zurückgekehrt. Sie hielt sich ansonsten meistens in Berlin auf, um Cato nahe zu sein, sie mit Wäsche und Lebensmitteln zu versorgen.

197 Verbindungs-Offizier.

198 Tim Bontjes van Beek war mit seiner Einheit am Donez-Ufer eingekesselt worden und hatte mit einem wagemutigen Einsatz den Kontakt zu anderen Truppenteilen wiederhergestellt. Dafür hatte er das E. K. II bekommen, das »Eiserne Kreuz zweiter Klasse«.

kau[199] beschreibt in einem seiner Briefe aus England (1828!) ein Gefängnis in Newcastle, das er besichtigte. Als er in die Abteilung für Todeskandidaten kam, sah er einen Mann auf dem Fensterbrett sitzen und Französische Grammatik lernen. So komme ich mir auch vor, wenn ich jetzt noch Polnisch lerne bei meiner Polin.

Hast Du mal Post von Walter Niemann[200] bekommen, und geht es ihm gut?

Ach, liebster Heinz, ich bin immer noch sehr fest davon überzeugt, dass wir uns wiedersehen werden. Es kann doch alles gar nicht sein, sagt mir mein Herz. Ob Du noch derselbe bist wie ich Dich zuletzt sah? Ich hoffe es sehr, dass auch Dir diese Zeit nicht allzu schwer wird. Wir können uns gegenseitig durch die Kraft der Gedanken stützen und dadurch, dass wir das Bewusstsein haben, dass der eine ist und bleibt für den anderen da.

Zum Philosophieren habe ich nun gar kein Verständnis mehr, denn mir ist in dieser Zeit alles sehr einfach und klar geworden und ich finde, es ist die ganzen Jahrhunderte sehr viel geschrieben worden und nur weniges hat Bestand, und dazu gehört doch an die erste Stelle die Bibel. Ich bin sehr froh, dass ich das Neue Testament hier habe. Ich denke viel an die Gespräche, die ich im letzten Sommer mit dem katholischen Geistlichen im Bayerischen Wald hatte, auf meiner Wanderung. Du weißt, dass ich schon immer viel Sympathie mit dem Katholizismus hatte, und in letzter Zeit ist das stärker geworden. Pascal[201] hat auch seinen Teil dazu getragen, den ich lese.

199 Hermann von Pückler-Muskau (1785-1871), preußischer Generalleutnant, Landschaftsarchitekt, Schriftsteller.

200 Freund von Strelow aus Worpswede.

201 Blaise Pascal (1623-1662), französischer Naturwissenschaftler, Philosoph, der mathematische und andere Phänomene erforschte und sich zugleich mit dem Christentum auseinandersetzte.

(...) Mein guter, lieber Heinrich, das Papier ist aus und ich will Dir in Gedanken die Hand geben.
Bleibe weiterhin tapfer, egal ob wir uns droben oder draußen wiedersehen.
Sei umarmt von Deiner Dodo.

Am 29. März 1943 gelang es Cato erneut, einen Kassiber aus der Haftanstalt zu schmuggeln. Es handelte sich um zwei einzelne kleine Zettel, die beidseitig eng beschrieben waren und sich an Olga Bontjes van Beek und deren Schwester Jossie Schultze-Ritter richteten. Wieder schilderte Cato, mit welchen Erwartungen sie in den Prozess vor dem Reichskriegsgericht gegangen war und wie sehr das Urteil sie dann erschütterte. Der 29. März 1943 war der letzte Tag ihres Aufenthaltes im Polizeigefängnis am Alexanderplatz. Am nächsten Tag wurde Cato in das Gerichtsgefängnis an der Kantstraße in Berlin-Charlottenburg verlegt.

Meine liebste Mama, liebste Jossie,
ich danke Euch tausend Mal für alles. Liebste Jossie – es ist alles prächtig gegangen und Du brauchst Dich nicht zu ängstigen. Entsinnt Ihr Euch an die allererste Übermittlerin[202]? Die liebt mich sehr und würde alles für mich tun, was sie nur kann. Ich freue mich so sehr, dass alles sicher doch noch gut ausgeht. Ich bin selbst so fest davon überzeugt und nichts kann mir diesen Glauben erschüttern. Es waren furchtbare Tage, das könnt Ihr Euch denken. Ich habe höchstens mit zwei Jahren gerechnet und nach dem ersten Verhandlungstag merkte ich, dass es doch viel ernster aussieht, und ich schätzte, dass der

202 Vermutlich eine der Wärterinnen, die Cato half, Briefe aus dem Gefängnis zu schmuggeln.

Oberst Roeder, der als Ankläger fungierte – Papa kennt ihn auch – 15 Jahre beantragt und der Senat fünf bis acht Jahre entscheidet. Wie groß war meine Überraschung, als es nur so Todesurteile hagelte. Mein Anwalt war eine absolute Null. Von 65 Angeklagten sind 13 mit dem Leben davon gekommen bisher und ein Freispruch. Ich hörte, dass die Verhandlungen noch mal aufgerollt werden sollen, da die Urteile zu hoch sind. Ich weiß nicht, ob man dem Glauben schenken darf, aber es wäre sehr gut. Die Nachvernehmung am 13.2. bei einem anderen Präsidenten hielt ich auch für sehr günstig. Es war keine Verhandlung, sondern eine Vernehmung. Wir sind aber alle sehr gut gelaunt und helfen uns gegenseitig seelisch, wo wir können, und lachen sehr viel. Schlecht geht es mir wirklich nicht, nur das Heimweh und die Sehnsucht nach Euch packen mich oft. Ich habe Dir geschrieben vor 14 Tagen, liebste Mama, an Meme vorige Woche, und einen zweiten Brief an Heinz nach Plötzensee. Ich weiß nicht, ob sie alle ankamen. Ich werde Dir in der nächsten Woche wieder schreiben. Die Gräfin v. Br.[203] *hat dasselbe Urteil wie ich. Wir lagen erst ein paar Wochen nebeneinander, jetzt liegt sie auf der Nordseite und wir pfeifen uns jeden Morgen »Guten Morgen« zu. Man hat sie bisher noch nicht zur Nachvernehmung geholt. Ich bin heute sehr müde, denn gestern hatte ich noch ein sehr langes Gespräch über den Katholizismus mit Marie*[204]*, die nebenan liegt, und dann wurde die Uhr ja auch um eine Stunde vorgerückt in der Nacht. Es ist gut, dass man sich unterhalten kann. Alles natürlich verboten, man darf sich nur nicht erwischen lassen.*

203 Erika von Brockdorff, 1911 in Pommern geboren, zunächst »wegen Beihilfe zur Vorbereitung zum Hochverrat und Spionage« zu zehn Jahren Zuchthaus verurteilt. Das Urteil wurde aufgehoben. Auf Veranlassung von Hitler gab es eine Neuverhandlung: Todesstrafe. Am 13. Mai 1943 wurde Erika hingerichtet.

204 Maria Terwiel. Sie dürfte auch das Interesse Catos am Katholizismus geweckt haben.

Ihr werdet wohl meinen Tagesablauf wissen – blaue Strümpfe – sie werden erzählt haben[205]. Ohnedem wäre es nicht auszuhalten. Eine große Hilfe hatte ich an H. N.[206]. Nun ist er leider nicht mehr hier. Schreibt doch bitte mal seinem Bruder, wie es mir geht, er wird es weiterleiten. Wie habe ich mich über den Brief aus Fischerhude gefreut, er hat mich traurig und glücklich gemacht. Wie gut, dass Du nun Nachricht von Tim hast, ich denke immer an ihn und werde in den nächsten Tagen einen Zettel für ihn dazulegen. Grüßt auch den lieben Ulrich[207]. Ist es nicht alles ein Wahnsinn, ich hier und Tim in Russland. – Ein tolles Gefühl ist es, wenn Fliegeralarm ist und wir eingesperrt sind in der Zelle, und dann noch unser Urteil. Wenn hier eine Bombe fällt, was dann? Aber Angst habe ich nicht – ich werde bestimmt leben. Ihr müsst immer gut alle Wäsche durchsehen, damit nicht die Kassiber mit gewaschen werden. Ich nähe sie fest, diesmal ist nichts. Ich werde immer einen Gruß dazulegen. Habt Ihr irgendetwas bei der Lüneburger Abordnung[208] erreicht? Wie wäre es, wenn Tim ein Gesuch schreibt? Ich habe in meinem Gesuch geschrieben, man möge meinen Eltern diese Schande ersparen und meinem Bruder, der Soldat ist. Ich dachte schon daran, ob Ihr Euch vielleicht mit der Leiterin der Segelfluggruppe in Verbindung setzt. Sie ist eine geborene Mannesmann, ich kenne sie gut und vielleicht kann auch sie ein Gesuch schreiben. Steht im Telefonbuch: Dipl.-Ing. Karin Mohr-Mannesmann[209]. Ihr müsst es Euch noch überlegen. Paul Rickes kennt ihre Schwester gut, sagt das auch bitte Papa. Alles in Bewegung setzen!

205 »Blaue Strümpfe«, damit sind die zwei Däninnen gemeint, die mit Cato in deren Zelle eine Nacht verbringen mussten und anschließend ihrer Mutter den Brief vom 2. März mit Fortsetzung am 19. März 1943 überbrachten.

206 Helmut Niewerth.

207 Ulrich Modersohn.

208 NSDAP-Gau Niedersachsen Ost in Lüneburg.

209 Die Frauensegelfluggruppe schrieb ebenfalls ein Gnadengesuch.

Ich hätte so gern ein Stück Keramik hier von Papa. Vielleicht schickt Ihr mir mit der Wäsche mal ein kleines Schälchen oder kleines Väschen. Ihr könnt montags auch immer eine Blume dazu legen, danach habe ich große Sehnsucht[210]*. Wenn es Salat gibt, esse ich die Blätter so, nur Grünes, denn seit einem halben Jahr esse ich nur Kartoffelsuppe. Meine Haut ist nun sehr rau, der Frühling macht das wohl. Es ist so schade, dass wir niemals nach draußen kommen, und mit Grauen denke ich an den Sommer, denn sicher sitzen wir auch dann noch hier.*
Ich danke Emmchen vielmals für ihre Sorge und Liebe. Vor vier Wochen bekam ich einmal ein Paket von der Gestapo. Werden keine mehr angenommen? Ich fürchte es beinahe. Hunger habe ich sehr großen, denn die Schnitten werden immer dünner und ich esse dafür viel Kartoffeln und werde immer breiter. Alles das kümmert mich nicht viel. Irgendeine Tätigkeit muss ich haben. Könnt Ihr mir ein polnisches Lehrbuch schicken mit der Wäsche? Dann kann ich meine Zeit gut ausnützen, ein Anfängerlehrbuch und auch viel Papier zum Schreiben. Irgendwie schmuggelt auch einen Bleistift mit hinein, vielleicht zwei kleinere, denn meiner ist bald zu Ende.
Schön wäre es, wenn Ihr montags immer eine neue Zeitung und »Das Reich«[211] *vom Sonnabend dazu legt und auch alte illustrierte Zeitungen. Ich gebe sie dann weiter, und sie sind ein begehrter Artikel. Ich lese hier zum ersten Mal Zeitung, aber wir verfolgen alles mit äußerster Spannung, und alles geht uns natürlich viel zu langsam. Wird Jan eingezogen? Was ist mit der Werkstatt? Jan und Rali sollen mir auch schreiben. Ich grüße*

210 In einem Wäschepaket hatte Olga Bontjes van Beek Gänseblümchen zwischen einzelne Stücke gelegt, die von einer Wärterin entdeckt wurden. Sie klärte die Mutter auf, dass das verboten sei, und legte die Blümchen wieder zwischen die Wäsche.

211 Wochenzeitung »Das Reich«, existierte von 1940 bis 1945. Trotz Gleichschaltung bemühte sie sich um journalistische Standards, war in der Tendenz jedoch dem NS-Regime verpflichtet.

und küsse Marutschka zu ihrem Geburtstag und auch die kleine Barbara. Ist Thomas[212] *noch in Berlin? Ihm auch viele Grüße und Dank. Ali soll Josef von mir grüßen, vielleicht hat er mal ein Päckchen Tabak für mich.*
Ach, meine Mama, wenn doch erst alles vorbei ist. Ich werde aber gut aushalten und sehr tapfer sein. Eure große Liebe gibt mir sehr viel Kraft dazu, und auch Du, liebste Mama, musst tapfer sein, für Dich ist es sehr, sehr hart. Ich bin immer bei Dir und Tim und bei allen geliebten Menschen. Gruß und Kuss an alle in der Bismarckstraße und am Kaiserdamm. Leb wohl, liebste Mama, ich umarme Dich und bin
Deine Dodo.

Die »Übermittlerin«, die Cato am Anfang ihres Briefes erwähnte, schleuste Kassiber nach draußen und ermöglichte auch sonst manches, was strikt verboten war, z. B. den Kontakt zu Mithäftlingen. Mit dem Wechsel in das Gerichtsgefängnis an der Kantstraße Ende März 1943 gingen diese wertvollen Verbindungen verloren. Aber auch von dort schaffte Cato es, Botschaften unkontrolliert nach draußen gelangen zu lassen. Die Verlegung selbst geschah ohne jede Ankündigung und ging abrupt vonstatten. Cato war offenbar davon ausgegangen, dass sie noch länger im Polizeigefängnis am Alexanderplatz inhaftiert bleiben würde.

212 Thomas von Randow, der Mann von Catos Cousine Marianne Schultze-Ritter (Marutschka).

FÜNFTES KAPITEL

»Wenn Amelie mir über die Unsterblichkeit erzählen würde …«

Gerichtsgefängnis an der Kantstraße, Frauengefängnis an der Barnimstraße – zwei weitere Stationen auf dem Weg nach Plötzensee

Abb.: Olga, Amelie und Cato, 1942

Totenmesse

4./IV./

Lacrimosa dies illa
Qua resurget ex favilla
Judicandus homo reus:
Huic ergo parce Deus,
Pie Jesu Domine,
Dona ei requiem. Amen.

O tränenreicher Tag
an dem der schuldbeladene Mensch
aus dem Staub ersteht zum Gericht:
Schone seiner, O Gott,
frommer Herr Jesus!
Gib ihm die Ruhe. Amen

Thomas von Celano, gest. 1255

rauenstrafgefängnis **Berlin NO 18,** den 2
Barnimstraße 10

Rand darf nicht beschrieben werden!

Meine liebe, gute Mama, immer
mir & ich bin so sehr froh, dass ich
nach so langer Zeit, auch Tim gese
bittere Vorwürfe, dass ich es Dir &
durch mein Weinen. Es war vielleicht ein
Tag in der Beziehung, denn schon beim Rundgang am
mittag kamen mir die Tränen ... blauen Himmel
& die weissen Wolken sah. Du
ben, dass ich so geweint habe
Freude siegt doch stets wieder
bei mir seid & mich nicht ver
mein ganzes Denken darauf
& Ihr drei bald gemeinsam
mir, ich bin bei Euch als
als ich noch so war, wie i
nur die Augen zu schliess
bendig vor mir & höre E
sichtlich besondere Eig
durch so dicke Mauern & Gittern von seinen
trennt ist. Heute sind es 9 Monate her, dass ich in Haft
bin & damals war es auch ein Sonntag.
Eben habe ich das Buch von W. Waetzold über Albrecht
Dürer & seine Zeit fertig gelesen. Ich mag mich von

Am 30. März 1943 wurde Cato Bontjes van Beek vom Polizeigefängnis am Alexanderplatz in Berlin in das Gerichtsgefängnis in Charlottenburg verlegt. Der Wechsel bedeutete für sie eine große Umstellung. In ihrer Zelle am Alex hatte sie regelmäßig Kontakt zu anderen politischen Häftlingen. Dort konnte sie sogar einzelne Aufseher für sich einnehmen, die ihr halfen, Kassiber nach draußen oder an andere Gefangene zu schmuggeln. Ihre fröhliche, lebensbejahende Art beeindruckte auch in der Haft die Menschen. Misshandlungen durch die Gestapo blieben ihr erspart.

Im Gerichtsgefängnis herrschten eine strenge Briefzensur und schärfere Regeln für Kontakte zu den Angehörigen. Catos Zelle lag im Hinblick auf Licht und Sonne wenig günstig. Dafür durfte sie endlich am Hofgang teilnehmen. Eine weitere Abwechslung: Für die Gefangenen war Arbeit angesagt. Sie mussten Gasanzünder herstellen.

In Charlottenburg nahmen Catos Briefe einen etwas anderen Klang an: Weniger Zuversicht, noch mehr wehmütige Erinnerungen an Fischerhude. Bis zum 8. Mai blieb Cato im Gerichtsgefängnis. Dann wurde sie in das Frauengefängnis an der Barnimstraße verlegt, die letzte Station vor Plötzensee.

Im Frauengefängnis sah sie zum letzten Mal ihre Mutter wieder, ebenso wie ihre Schwester Mietje und nach langer Zeit ihren Bruder Tim, der von der Ostfront Heimaturlaub bekommen hatte. In die überwältigende Freude über das schon so lange herbeigesehnte Wiedersehen mischte sich die schreckliche Gewissheit, dass sie ihre nächsten Angehörigen das letzte Mal gesehen hatte.

Abb. oben: Amelie Breling um 1940; Abb. Mitte: »Totenmesse« in Catos Handschrift, 04.04.1943; Abb. links: Catos Brief vom 20.06.1943 nach dem Wiedersehen; Abb. rechts: Mietje, Olga, Tim (auf Russlandurlaub), Juli 1943

Gleich am ersten Tag im Gerichtsgefängnis in Berlin-Charlottenburg schrieb Cato ihrer Mutter. Der Brief, der durch die Gefängniszensur ging, wobei die Zeile *Gelesen* unausgefüllt blieb, ist vorsichtig abgefasst. Bei allem Bemühen, das Positive am neuen Ort zu sehen, verschweigt Cato nicht ihre Bestürzung über die plötzliche, ohne jede Ankündigung eingetretene neue Situation. Was bedeutete die Verlegung? Seit mehr als sechs Monaten befand sie sich inzwischen in Haft und lebte nach wie vor in der Ungewissheit, ob die Todesstrafe vollstreckt oder ob eine plötzliche Wende im Kriegsgeschehen dem NS-Regime ein Ende bereiten würde.

31. März 1943
Gerichtsgefängnis Berlin-Charlottenburg 5
Kantstr. 79

Name des Briefschreibers:
Cato Bontjes van Beek
Gelesen: ....

Meine liebste Mama,
seit gestern Abend bin ich noch mehr in Deiner Nähe. Es ist ein gutes Gefängnis, das Schönste ist, dass wir täglich eine halbe Stunde spazieren gehen. Jetzt bin ich sehr müde, denn das Gehen an der frischen Luft war ich ja gänzlich entwöhnt. Wie freute ich mich über Deinen lieben Brief aus Fischerhude und auch über Emmchens Zeilen! Ich danke Euch sehr. Du kannst Dir denken, wie traurig und glücklich ich zur gleichen Zeit war, denn die Erinnerung an all das Schöne ist sehr schmerzlich. Hast Du gute Nachrichten von Tim aus Russland und auch von Meme aus Schönberg? Ich habe Meme geschrieben und hoffe sehr, dass sie meine Zeilen bekam. Wie geht es Dir, liebste Mama? Ich hoffe recht gut. Die Tage in Fischerhude in dem lieben Haus waren doch sicher sehr schön. Ich habe richtig

den Duft der Erde gerochen und den der Wiesen, von denen das Wasser nun abgelaufen ist.
Weißt Du, liebste Mama, ich muss mich erst einmal an die neue Umgebung und an alles Neue gewöhnen. Es ist mir so, als wäre ich in eine neue Stadt gezogen, da bin ich erst auch immer etwas melancholisch. Eigentlich dürfte ich Dir in dieser Stimmung keinen Brief schreiben. Aber Du sollst wissen, dass ich nicht mehr am Alex bin, damit Du mir dorthin keine frische Wäsche mehr bringst. Hier darf ich jede 14 Tage frische Wäsche empfangen, aber sonst nichts (bis vier Uhr und sonnabends bis ein Uhr kannst Du Wäsche abgeben).
Der einzige Trost ist, dass ich hier noch näher bei Dir bin, räumlich gemessen, aber sonst bin ich sehr traurig. Ich weiß, dass es völlig unbegründet ist, diese Traurigkeit, es ist nur die neue Umgebung und alles Fremde. Es ging mir ja genauso vor beinahe sieben Monaten, als ich das erste Mal am Alex eine Zelle betrat, und wie gut habe ich mich dort nachher eingelebt. Leider durfte ich kein Buch in die Zelle nehmen, und Du kannst Dir denken, wie sehr ich nun den Pascal vermisse. Ich schicke Dir alle Sachen zurück, die ich hier nicht gebrauchen kann, besonders die Wäsche, die zu viel ist. Wenn Du mir frische Sachen schickst, lege bitte einen Schlafanzug oder ein Nachthemd dazu, da ich nur einen momentan hier habe. Auch brauche ich braune Schuhwichse und Haarwaschpulver und eine gute Fettcreme, da meine Haut jetzt sehr spröde ist. Meine gute Mama, glaube nicht, dass ich nicht mehr tapfer bin und nicht weiter hoffe auf ein neues Leben. Doch, bestimmt, ich tue es und habe einen tiefen inneren Glauben, dass alles doch noch gut wird, auch für Heinz, und dass wir uns alle eines Tages wiedersehen werden.
Ich fürchte, dass Du lange nicht mehr zum Malen gekommen bist, und auch die kurze Zeit in Fischerhude war sicher mit so vielen anderen Dingen ausgefüllt, dass Du dazu nicht kamst. Mama, ich habe einen Wunsch: Wenn die Matthäus-Passion

gespielt wird, gehe hin und denke dabei an Tim, Meme und mich, und bitte, dass wir uns alle wiederfinden, und schließe auch Heinz ein. Vor ein paar Nächten habe ich geträumt, ich hätte sie gehört, und es war wunderbar. Es ist doch herrlich, dass diese göttlichen Dinge uns allen gehören und dass ein sterblicher Mensch sie zu schaffen vermochte. Wenn man so etwas hört, weiß man, dass es kein eigentliches Sterben gibt, und das Herz weitet sich vor unendlicher Menschheitsliebe.
Wenn Du wieder Tim schreibst, schicke ihm bitte auch meine Liebe und sage ihm, dass ich für ihn bitte bei den guten Kräften. Und auch das liebe Memerl grüße und umarme ich sehr.
Adada vielen Dank für ihr Briefchen, das mich sehr tröstete.
Ach, Ihr wisst ja, wie sehr meine Gedanken und mein Herz bei Euch sind und das Gleiche spüre ich von Euch. Grüße alle Lieben von mir, in der Bismarckstraße und am Kaiserdamm.
Ich freue mich schon sehr auf einen Brief von Dir.
Lebe wohl, liebste Mama, lass es Dir gutgehen und sei fest umarmt von Deiner
Dodo.

11. April 1943
Gerichtsgefängnis Berlin-Charlottenburg 5
Kantstr. 79

Name des Briefschreibers:
Cato Bontjes van Beek
Gelesen: ....

Meine liebste Mama,
wie geht es Dir? Ich frage mich sehr oft, wie es Dir und allen anderen Lieben draußen wohl gehen mag und mit ganz besonders großer Liebe weilen meine Gedanken bei Tim in Russland. Es ist sehr schmerzlich, dass wir uns gar nie mehr sehen, denn unsere letzte Begegnung liegt nun schon so lange zurück, ich

glaube, es war Anfang Dezember. Du bist sicher noch in Berlin und es gibt mir auch Trost, Dich hier in meiner Nähe zu wissen. Hast Du gute Nachrichten von Tim? Ich warte sehnlichst auf Deinen angekündigten Brief, der letzte kam aus Fischerhude und ich bekam ihn noch am Alex. Schreib mir viel und ausführlich über Tims Briefe und wie es Meme geht und was sie macht. Du kannst Dir denken, dass ich mich hier erst einleben musste. Ich bin nun mit einem sehr lieben Mädchen in der Zelle. Da wir den ganzen Tag in der Zelle arbeiten, ist die Gesellschaft viel angenehmer als das Alleinsein. Wir machen am Tag bis zu 1000 Gasanzünder, wie wir auch einen in der Küche haben. Wir haben uns gut eingearbeitet, und es rutscht die Arbeit ziemlich schnell. Das faule Leben wie am Alex ist nun aus, denn Lesen können wir erst nach Feierabend und sonntags. Ich las in den vorigen Wochen ein paar Theaterstücke von Achim von Arnim[213]. Aber diese wilde Romantik gefällt mir im Moment nicht sehr. Jetzt lese ich Prosa von Kleist[214] und freue mich sehr darüber. Es ist schön, dass hier eine Bibliothek ist und wir jede Woche ein Buch erhalten. Ich hörte, dass alle Klassiker vertreten sind. Augenblicklich bin ich wieder einmal sehr hungrig und will das Mittagessen abwarten, das es gleich gibt, und schreibe dann weiter.

In der vorigen Woche bekam ich einen Brief von Papa und Rali. Meine Freude war sehr groß darüber, und ich wünsche und hoffe, dass ich auch von ihnen öfter einen Brief bekommen werde. Schön, dass in der Werkstatt so tüchtig gearbeitet wird, und Papa mit neuen Tonmassen arbeitet für Steinzeug. Ich habe eine Bitte! So gern hätte ich ein kleines, schönes Stück von ihm bei mir, und da habe ich an ein kleines Steinzeug-Salbdöschen

213 Achim von Arnim (1781-1831), deutscher Schriftsteller, Publizist, Dramatiker.

214 Heinrich von Kleist (1777-1811), zeitweise Weggefährte von Achim von Arnim, wie dieser Dramatiker, Erzähler, Lyriker und Publizist.

gedacht für meine Creme. Frage ihn doch bitte, Mama, und schick es mir mit ein wenig Salbe, ich fülle meine Creme hier dazu. Das wäre schön, und ich kann es immer anschauen. Es ist tatsächlich so, dass ich des Nachts von Deinen Bildern und von Jans Töpfen träume. –
Ist Meme noch bei Adada im Bayerischen Wald? Grüß Sie bitte vielmals von mir und auch Haina, Fritz und Kinder. Ich hoffe immer noch, dass ich alle, alle eines Tages wiedersehen werde. Manchmal scheint es mir ganz unmöglich, dass es vielleicht nicht so sein wird. Aber liebste Mama, ich wünsche, Du könntest mich sehen und Dich selbst überzeugen, wie ruhig und gefasst ich bin. Ich werde es hinnehmen, so wie es kommt.
Ich las in den »Pensées« von Pascal[215] *Folgendes: »Die Flüsse Babylons strömen dahin, werfen alles nieder und reißen es mit sich fort. O heiliges Zion, wo alles feststeht und nichts zusammenstürzt! Man muss sich auf den Wogen niederlassen, nicht unter ihnen oder in ihnen, sondern über ihnen, und nicht stehend, sondern sitzend; damit man demütig sei, da man sitzt, damit man sicher sei, da man über den Wogen ist. Aber wir werden aufrecht stehen in den Hallen Jerusalems. Man sehe zu, ob eine Freude dauerhaft oder vergänglich ist. Wenn sie vorüber geht, ist sie ein Fluss Babylons.«*
Mama, dass die Liebe zu den Menschen in mir nie ersterben wird und ich bis zuletzt die Überzeugung haben werde, dass der Mensch doch gut ist, das söhnt mich auch immer wieder mit allem aus und ist mein Trost.
Wenn Du Tim und Meme schreibst, schick auch immer von mir einen dicken Kuss und viele gute Gedanken. Dottie, Emmchen,

215 »Pensées« (»Gedanken«) gehört zu den meistgelesenen Werken von Blaise Pascal. Das Buch entstand erst nach seinem Tode (1662). Es handelt sich nicht um ein geschlossenes Werk, sondern um gebündelte Texte. Darin ringt der französische Philosoph und Naturwissenschaftler um den Gottesbeweis. Den im Brief zitierten Text hatte Cato im Polizeigefängnis auch Maria Terwiel, ihrer Mitgefangenen, geschickt.

Hans, Marutschka, Barbara und Thomas viele Grüße und allen lieben Menschen draußen. Dich liebste Mama, schließe ich besonders fest in die Arme und grüße und küsse Dich.
Immer Deine Dodo.
Schicke mir bitte noch: etwas dunkelblaue Stopfwolle, die rote Bluse von Dottie, ein paar Seidenstrümpfe von denen, die ich herausgab, und wenn es geht, eine Bürste, leider habe ich meine am Alex vergessen und brauche so nötig für die Blutzirkulation das tägliche Körperbürsten. Schorsekämme[216] *bekomme ich immer hier!*

Am zweiten Ostertag, dem 26. April 1943, brachte Cato Bontjes van Beek gleich vier Briefe auf den Weg: an ihre Mutter Olga, ihren Bruder Tim, die Schwester Mietje und an ihren Cousin Ulrich Modersohn.

26. April 1943
Gerichtsgefängnis Berlin-Charlottenburg 5
Kantstr. 79

Name des Briefschreibers:
Cato Bontjes van Beek
Gelesen: ………………

Meine innigst geliebte Mama,
gerade setze ich mich hin, um Dir zu schreiben, da werden mir zwei Briefe gebracht von Dir und von Rali und Jan. Meine Freude ist so übergroß, denn Du schreibst von alledem, was mich gerade in diesen Tagen so sehr bewegt und Du wirst wissen und spüren, dass ich in Gedanken mit Dir, Tim und Meme in Fischerhude bin und dass wir zusammen das Oster-fest feiern,

216 Ein in der Familie verwendeter Ausdruck für Kamm.

und auch Adada und Schmidts und Ulrich und Christian sind dabei. Kannst Du Dir vorstellen, dass ich in diesen Tagen von einer herrlichen inneren Freude erfüllt bin, die mich alles vergessen lässt, was um mich ist, was war und hoffentlich nicht mehr kommt.

Neben mir auf dem Tisch stehen Eure Bilder und unser Haus und im Salzfässchen das kleine Blümchen, Dein lieber Ostergruß. Der Salbtopf steht auch neben mir und ich freue mich immer wieder über die prächtige Glasur. Abends stelle ich das Salzfässchen vor das Gitterfenster, damit das Blümchen nur ja recht lange blüht. Ich fühle Euch alle so nahe bei mir und bin glücklich und froh mit Euch zusammen – warum? Dass es euch gibt und ich weiß, dass Ihr alle da seid.
Ich legte mich gestern Abend sehr früh ins Bett und las im Johannes-Evangelium und las es meiner Kameradin vor, und wir beide waren ganz erschüttert von der ungeheuren Kraft, die von diesen Worten ausgeht. Meine Kameradin ist so famos, dass ich es gar nicht empfinde, dass wir zu zweit in diesem kleinen Raum sind. Manchmal reden wir stundenlang kein Wort und jeder beschäftigt sich mit seinen eigenen Gedanken, und so stört keiner den anderen. Meine Kameradin hat auch ein großes Innenleben. Wir sehr ich mich zu Euren Briefen gefreut habe, kannst Du Dir denken, und übergroß war meine Freude, von Tim aus Russland ein paar Zeilen zu bekommen. Ich bitte Dich sehr, meine Zeilen an ihn weiterzuleiten und auch Memes Geburtstagsbrief. Mein Herz ist übervoll und ich möchte Dir viel, viel schreiben und sagen. Ich hoffe immer weiter und sehne den Tag herbei, wo wir alle vereint in Fischerhude arbeiten können und wir uns gegenseitig stützen, so wie wir es nun auch schon tun, und Du musst immer zum Malen kommen und Tim

Abb.: Jan Bontjes van Beek, kleine Dose (Salbtopf), um 1935

zum Klavierspielen. Wenn ich mich auf mein Gefühl verlassen kann, dann bin ich beruhigt, denn das sagt mir, dass es so kommen wird.
Als wir vom Alex wegkamen, hatte ich eineinhalb Tage vorher eine maßlose Unruhe, und als es hieß, ich solle meine Sachen packen, sagte mir mein Gefühl, dass es nicht der letzte Gang sein wird. Wie schön, dass Ulrich nun Urlaub hat, ich werde ihm schreiben von hier. Sag Du Dank für die Briefe von Hans, Emma, Maria Blumenthal und Marianne. Meine Freude war übergroß, und Marianne soll mir bald wieder schreiben, ihr Brief war besonders erfreulich. Grüß und küsse sie alle; sei Du, meine liebste Mama, auch weiterhin tapfer und stark und glaube an unsere Wiederkehr. Das hilft Tim in Russland und mir hier. Ich umarme Dich.
Innigst Deine Dodo

26. April 1943
Berlin-Charlottenburg
Kantstr. 79

Mein liebster, guter Tim.
Du glaubst nicht, wie groß meine Freude war, von Dir ein paar Zeilen zu bekommen, und nun will ich Dich gleich wieder grüßen und Dir versichern, dass meine Liebe Dich stets begleitet, und ich weiß auch, dass Du das längst gespürt hast. Heute ist der zweite Ostertag und wie Meme und Du denke ich jetzt besonders stark an Fischerhude, wie schön wir dort mit Mama und allen, die zur Bredenau und zur Familie gehören, gelebt haben. Aber glaube mir, mein Lieber, ich denke jetzt nicht mit Wehmut an die vergangenen Tage, so wie man an etwas Verlorenes denkt – ich bin glücklich, die Kraft dieser Gedanken bei mir zu spüren, und mein Glaube sagt mir, dass wir einmal wieder genauso glücklich dort sein werden. Wir sind dann nur keine Kinder mehr und haben in der Zwischen-

zeit viel durchmachen müssen, aber unsere Freude am Leben und unsere Liebe zueinander kann nur noch gefestigter sein. Ich bat Mama, die Matthäus-Passion zu hören. Da sie keine Karten dafür bekam, hörte sie am Karfreitag »Die Kunst der Fuge« von Bach[217]. Oft singe und pfeife ich verschiedene Themen der Stücke, die Du gespielt hast, und es ist doch seltsam, wie sehr uns diese überirdische Musik verbindet. Mein liebstes Lied ist und bleibt »Kein Hälmlein …« von Friedemann[218]. Weißt Du noch, wie ich das immer gesungen habe? Fast jeden Morgen singe ich noch im Bett »Der Morgenstern ist aufgegangen«[219], das sangen wir doch damals mit Sibylle und Caesar vierstimmig, und ich sehe noch Caesars langes Kinn vor mir und höre seine Bruststimme.
Liebster Tim, ich las gestern am ersten Ostertag im Johannes-Evangelium, und vielleicht rührt auch daher meine große innere Freude. Ich lese im neuen Testament immer wieder mit ganz neuen Augen, und ich finde, alles andere muss dagegen verblassen. Wenn man die Bibel bei sich hat, ich glaube, man braucht dann kein anderes Buch, das erkenne ich immer mehr, und auch meine Gläubigkeit, die bisher in mir schlummerte, habe ich nun wahrhaftig entdeckt.
Mein guter Tim, die Welt ist trotzdem schön und auch die Menschen sind trotz alledem gut! Du hast es nicht leicht, aber ich bin beruhigt über Dich und Mama schreibt mir immer gleich, wenn Nachricht von Dir kommt. Hoffentlich hast Du bald Urlaub, und mein sehnlichster Wunsch wäre dann, Dich zu sehen. Ich habe Mama auch vier Monate nicht gesehen,

217 »Die Kunst der Fuge« von Johann Sebastian Bach besteht aus einem Zyklus von 14 Fugen und Kanons.

218 »Kein Hälmlein wächst auf Erden«, Volkslied, komponiert von Wilhelm Friedemann Bach (1710-1784). Text: Albert Emil Brachvogel (1824-1878).

219 »Der Morgenstern ist aufgegangen«, Volkslied aus dem Jahr 1601.

und wie viel Wasser ist in der Zwischenzeit die Wümme hinuntergeflossen.
Schreibe mir wieder, wenn Du kannst. Wenn ich aufwache und einschlafe, denke ich ganz scharf an Dich und hoffe, dass auch meine guten Gedanken Dich beschützen helfen.
Sei innigst umarmt und geküsst von
Deiner Dodo

Tim dürfte es schwergefallen sein, den Optimismus und die Zuversicht seiner Schwester bei seinem Einsatz an der Ostfront nachzuvollziehen. Seine Einheit war nach wie vor in schwere Kämpfe mit der Roten Armee verwickelt, die seit ihrem Sieg an der Wolga bei Stalingrad im Januar 1943 großen Auftrieb verspürte.

Catos dritter Brief an diesem zweiten Ostertag 1943 richtete sich an ihre Schwester Mietje, die ihre schwere Rippenfellentzündung noch nicht überwunden hatte, aber inzwischen wieder mit dem Malen begann.

2. Ostertag, 26. April 1943
Berlin-Ch'burg 5
Kantstr. 79

Meine liebe, gute Meme,
gleich zu Anfang sollst Du einen dicken Kuss zum Geburtstag haben, und hoffentlich erreicht Dich dieser Brief bei guter Gesundheit und Du bist frohen Mutes wie ich. Dein letzter Brief war sehr schön, aber sehr traurig. ... Wie leid tut es mir, dass Du Deine Krankheit immer noch spürst! Hoffentlich bist Du nicht zu leichtsinnig und ziehst Dich zu früh zu dünn an.
Eben schrieb ich an Mama und auch an Tim. Mama schickte mir von ihm ein paar Zeilen, die an mich gerichtet waren. Es war Tims erster Brief an mich seit sieben Monaten, und meine

Freude war riesengroß. Jetzt habe ich also Weihnachten und Ostern in Gefangenschaft erlebt, und ob ich Pfingsten auch noch erlebe? Ich glaube sehr daran. Dies Gefängnis, in dem ich nun bin, ist sehr ordentlich und gut geleitet, und Ostern aßen wir Spinat und heute Rote Bete. Mir fehlt aber sehr die Sonne, die am Alex den ganzen Vormittag in meine Zelle schien. Aber ich kann einen Zipfel Sonne und Himmel durch mein Fenster sehen. Wenn wir vormittags auf dem Hof im Kreis umhergehen, scheint an einer Stelle auch die Sonne, und dann drehe ich meinen Kopf beim Passieren so, dass ich möglichst jeden Strahl ausnutzen kann.

Mama schrieb mir, dass Du einen kleinen Auftrag in Schönberg hattest, das ist fein. Für Dich wirst Du sicher viel gezeichnet haben. Mama hat schon recht, wenn sie schreibt, dass Schönberg zu unserer zweiten Heimat geworden ist. Diese Tage waren sicher wunderbar dort, und wie schön, dass Du unsere Adada bei Dir hast. Geht es ihr gut? Sag ihr vielen Dank für das Aquarell und auch für die Blümchen. Ich habe sie leider nur ansehen dürfen, denn sie konnten mir nicht ausgehändigt werden, aber die Idee, mir einen Blumengruß zu schicken, war sehr lieb und ich freute mich trotzdem dazu. Du fährst nun nach Fischerhude? Nach diesen langen Intervallen wirst Du Dich sicher sehr danach sehnen. Von dort musst Du mir viel und ausführlich schreiben über alles, was wir gemeinsam erlebten und liebten. Aber, liebste Meme, Du darfst nicht so traurig sein. Wir werden sicher alle, Mama, Tim, Du, Adada und ich, dort noch viel Schönes schaffen und froh sein und uns lieben und auch Schmidts gehören dazu und Ulrich und Christian. Mama schrieb mir, dass Ulrich momentan dort auf Urlaub ist, und darum will ich ihm auch gleich schreiben. Ich bin sehr hoffnungsvoll und kann es gar nicht einmal begründen. Sieben Monate bin ich nun in Haft und seit mehr als drei Monaten verurteilt. Zwei Familiendaten übrigens: Marias Geburtstag und Papas. Grüße alle von mir im Hause Deiber.

Frl. Gabel Dank für die Zeilen. Adada schließ ich fest in meine Arme, und Dich ganz, ganz fest. Wenn Du den Bayerischen Wald verlässt, wirf noch einen Blick zurück auf den letzten Zwiebelturm und grüß ihn von mir. Ich glaube, es ist der in Lusen, den Du von Deinem Fenster aus siehst und der weiße Fleck ist die Granitkappe.
Viele Grüße und Küsse: Immer Deine Schwester
Dodo.

Den vierten Brief, den Cato an diesem Ostermontag des Jahres 1943 in ihrer Zelle schrieb, richtete sie an ihren Cousin Ulrich Modersohn, der sich in Fischerhude auf Heimaturlaub befand und dessen Vater, der Maler Otto Modersohn, wenige Wochen zuvor gestorben war. Es war ihr letzter Brief an ihn. Ulrich Modersohn musste bald wieder an die Ostfront, wo er am 14. Juli 1943 bei schweren Kämpfen fiel.

26.04.1943 (2. Ostertag)
Berlin-Charlottenburg 5
Kantstr. 79

Mein lieber Ulrich,
Mama schrieb mir heute, dass Du Urlaub hast und in Fischerhude bist. Ich möchte Dir so gern schreiben und mich bedanken für Deine Zeilen, die Du mir vor Monaten schriebst. Glaube mir, dass sie ein sehr guter Trost für mich waren, so wie mich überhaupt die Gewissheit stark erhält, dass Ihr alle an mich glaubt und mich nicht verlasst. Das sagtest Du damals auch in Deinem Brief und ich ahnte damals noch nichts von meinem Urteil.
Fischerhude ist erschreckend leer und Du hast Deinen Vater nicht mehr angetroffen. Man kann sich gar nicht vorstellen, dass er keine Bilder mehr malen wird. Hast Du wenigstens

Christian getroffen und könnt Ihr die kurze Zeit zusammen sein? Ich wünsche es Euch sehr!
Dass ich Dir nun schreibe, geschieht auch aus großer Liebe zu Fischerhude. Jetzt in den Ostertagen denke ich besonders stark an all das Schöne, das wir gemeinsam erlebten, an all die vielen Ostereier, die wir jedes Jahr malten und dann entweder bei Schmidts in die Nester am Fuß der großen Eiche legten oder bei uns im Garten unter den Johannisbeersträuchern bei der Laube. Ich denke nicht mit Wehmut an all das, denn ich glaube felsenfest, dass diese Zeit wiederkommt. Wir sind dann nur keine Kinder mehr und haben viel erlebt, und jeder wird seine Arbeit haben, aber alle werden wir uns gegenseitig stützen. Wäre ich doch nie aus Fischerhude fortgegangen! Aber glaube mir, mein lieber Ulrich, ich bin noch ebenso – oder wieder – wie Du mich aus Fischerhude kennst und von meinem Inneren habe ich nichts verloren. Wenn ich diese Zeit überstehen werde, so habe ich nur gewonnen an innerer Kraft. Grüße Tante Haina, die schrieb mir, und ein Gruß aus der Bredenau ist mir immer besonders lieb. Meme schrieb mir, dass Christian sich später an der Wümme etwas bauen will[220]*. Ich weiß den Platz genau und freue mich über seine schöne Wahl. Es geht doch nichts über Fischerhude. Sage Christian auch Dank für seinen Brief Anfang des Jahres. Ich freue mich immer sehr, von Euch zu hören, und so sind wir uns doch immer nah. An Tim schreibe ich auch heute.*
Hoffentlich hast Du die Ruhe, um die kurze Zeit zum Malen auszunutzen. Ich grüße Dich, Christian und Frl. Eißler, schließe Dich fest in meine Arme und bin immer Deine
Cousine Cato.

220 Christian Modersohn errichtete nach dem Krieg ein eigenes Anwesen an der Wümme und widmete sich mit Nachdruck dem Aufbau des Otto-Modersohn-Museums, das heute weit über Fischerhude hinaus bekannt ist.

Am 29. April 1943, also wenige Tage nach Ostern, richtete Jan Bontjes van Beek einen Brief an seine Tochter. Darin ließ er sie an seiner Arbeit in der Werkstatt teilhaben.

Ich hoffe, dass es Dir einigermaßen gelingen möge, Dich zu sublimieren und Deine Vorstellungen von der Außenwelt in Dein Tagwerk einzubeziehen, als ob Du unter uns seist. Das ist zum größten Teil eine Frage der Phantasie und eigentlich die intensivste Form des Lebens. Du weißt, dass meine Gedanken immer bei Dir sind. In der Werkstatt haben wir jetzt anstatt der Fayencen eine Produktion von gesinterten, also dichten Scherben bei 1100°C mit schönen Glasuren, die aus lauter Abfällen und Glasmehl bestehen, aufgenommen und nächste Woche soll die erste große Muffel gebrannt werden. Wir sind sehr gespannt. Bei Steinzeugen in höherer Temperatur bis 1280°C sind mir besonders schöne Scherben und Glasuren gelungen. Die besten Stücke hebe ich Dir auf – d. h. ich verkaufe nichts davon, bevor du sie nicht gesehen hast. …

Abb.: Schale von Jan Bontjes van Beek, um 1942, Hans-Peter Jakobson u. Volker Ellwanger (Hg.), »Jan Bontjes van Beek, Keramiker: 1899-1969«, Ausstellung zum 100. Geburtstag. Jena Bussert und Stadeler, 1999, S. 118.

Im Frühjahr 1943 erreichten die Bemühungen, das Leben von Cato Bontjes van Beek zu retten, ihren Höhepunkt. Von verschiedenen Seiten gingen Gnadengesuche beim Reichskriegsgericht, Reichsjustizministerium, bei der NSDAP und auch in der Reichskanzlei ein. Louise Modersohn, Catos Tante, richtete ein Schreiben an den Reichsminister für Volksaufklärung und Propaganda, Joseph Goebbels. Das Propagandaministerium bat in einem Schreiben an Louise Modersohn vom 2. Juni 1943 – Cato befand sich inzwischen im Frauengefängnis an der Barnimstraße – um nähere Angaben, weshalb und von welchem Gericht Cato angeklagt worden sei. Ob es sich um reine Hinhaltetaktik handelte, ist unklar.

Hans Schultze-Ritter, Catos Onkel, legte Tim Bontjes van Beek ans Herz, direkt an Hitler und zugleich an das Reichskriegsgericht zu schreiben, mit dem Inhalt: Seine Schwester sei keine Verbrecherin, sondern durch Unbesonnenheit und falschen Idealismus zu einer Tat getrieben worden, die sie jetzt mit dem Tode büßen solle. Er selber kämpfe an vorderster Front und habe für seine Tapferkeit eine hohe Auszeichnung erhalten. Tim schrieb das Gnadengesuch.

Abb.: Olga, Tim, Mietje, Juli 1943

Die Berliner Frauensegelfluggruppe im Nationalsozialistischen Fliegerkorps hatte sich schon am 26. November 1942, also noch vor dem Todesurteil, für Cato eingesetzt, deren Kameradschaft und Einsatz für den Segelflug betont.

Unterdessen ging der Strom der Briefe aus Catos Zelle im Gerichtsgefängnis merklich zurück. Die Gründe sind unklar. Denkbar ist, dass aus der Zeit bis zu ihrer Verlegung in das Frauengefängnis an der Barnimstraße in Berlin am 8. Mai 1943 Briefe verloren gegangen sind. Im Gerichtsgefängnis hinterließ Cato – ähnlich wie zuvor im Polizeigefängnis am Alexanderplatz – tiefen Eindruck bei ihren Mitgefangenen. Martha Husemann, ihre Zellengenossin, schrieb am 8. Mai 1943: »Vier von unseren Todeskandidatinnen sind heute nach Barnimstraße gekommen. Die letzte Station. Wir sind alle ganz verstört. Cato, die mit ihrer strotzenden Gesundheit, mit ihrer Kraft und ihrem unbesiegbaren Optimismus die Zelle und meine Seele füllte, ist weg.«

Im Frauengefängnis an der Barnimstraße verbrachte Cato fast drei Monate, bevor sie am 5. August 1943 nach Plötzensee überstellt wurde. Aus dieser Zeit ist nur ein Brief erhalten geblieben. Möglicherweise war sie verstummt, nachdem sie erfahren hatte, dass Heinz Strelow am 13. Mai 1943 hingerichtet worden war.

Erst am 20. Juni 1943 schrieb sie wieder einen Brief an ihre Mutter. Zwei Tage zuvor hatte sie Olga, ihre Schwester Mietje und ihren Bruder Tim wiedergesehen. Ihre seelische Erschütterung über die Begegnung mit den drei nächsten Angehörigen wirkt in den Zeilen noch nach, obwohl Cato sich alle erdenkliche Mühe gibt, Fassung zu bewahren.

Berlin Nr. 18, den 20. Juni 1943
Frauenstrafgefängnis
Barnimstraße 10

Meine liebe, gute Mama,
immer sehe ich Euch noch vor mir und ich bin so sehr froh, dass ich Dich, Meme und nun endlich, nach so langer Zeit, auch Tim gesehen habe. Ich machte mir bittere Vorwürfe, dass ich es Dir und Tim so schwer gemacht habe durch mein Weinen. Es war vielleicht ein etwas unglücklicher Tag in der Beziehung, denn schon beim Rundgang am Vormittag kamen mir die Tränen, als ich den blauen Himmel und die weißen Wolken sah. Du musst nicht mehr daran denken, dass ich so geweint habe, meine liebe Mama, denn die Freude siegt doch stets wieder, dass Ihr alle immer so nahe bei mir seid und mich nicht verlasst.
Momentan ist natürlich mein ganzes Denken darauf gerichtet, dass Tim da ist und Ihr drei bald gemeinsam in Fischerhude seid, und glaube mir, ich bin bei Euch als wäre es Wirklichkeit, so wie früher, als ich noch so war, wie ich nun wieder bin. Ich brauche nur die Augen zu schließen und dann sehe ich alles ganz lebendig vor mir und höre Eure Stimmen. Es entwickeln sich sicherlich besondere Eigenschaften bei einem Menschen, der durch so dicke Mauern und Gitter von seinen Lieben getrennt ist. Heute sind es neun Monate her, dass ich in Haft bin und damals war es auch ein Sonntag.
Eben habe ich das Buch von W. Waetzold[221] *über Albrecht Dürer und seine Zeit fertig gelesen. Ich mag mich von den Bildern noch gar nicht trennen und sehe sie mir immer wieder an. Wenn Du in Fischerhude bist, dann sieh' Dir das Bildnis einer Unbekannten an. Es ist das Bild Nr. 34, die Frau sieht nach unten und mich packt jedes Mal beim Betrachten dieselbe Liebe, die ich zu den Bildnissen der italienischen Frührenaissance habe. Über meinem Bett hängt solch' ein schöner Frauenkopf,*

221 Wilhelm Waetzold (1880-1945), »Dürer und seine Zeit«, Wien 1935.

und es war beim Aufwachen des Morgens so schön, ihn immer gleich zu sehen. Es ist wirklich fast dasselbe, ob man dieses Bild betrachtet, eine Fuge von Bach hört oder im Johannes-Evangelium liest. Das höhere Wesen offenbart sich in allen drei Dingen.
Wie habe ich in den vergangenen Monaten mir auch immer den Moment herbeigesehnt, Tim zu sehen! Es gab Zeiten, wo ich alle Hoffnung aufgegeben hatte, Euch je wiederzusehen, und nun bitte und hoffe ich weiter, dass es nicht das letze Mal war und dass ich auch Tim eines Tages wiedersehen kann.
Ihr müsst die Tage in Fischerhude ganz auskosten, gemeinsam mit Amelie und Haina. Ich glaube, ich wäre nun sehr aufnahmefähig, wenn mir Amelie nun über die Immortalität, die Unsterblichkeit[222]*, erzählen würde, wie sie es vor vier Jahren tat. Bitte sie, es für mich aufzuschreiben, was sie immer schon mir erklären wollte, vielleicht ist es mir vergönnt, es einmal zu verstehen. Die liebe, gute alte Amelie! Ich möchte noch so viel schreiben, das Papier ist so klein, leider. Wie sehr ich Euch alle, alle liebe, weißt Du, meine liebste, gute Mama.*
Grüße und küsse den lieben Tim und die liebe Meme, Adada, Haina und in Berlin Papa und die Bismarckstraße. Alle grüße ich! Wenn Ihr Euch fotografieren lasst, dann mit einem Zipfel Fischerhude darauf, dann habe ich viel zu sehen. Gruß an Lolo und Christian.
Ich schließe Dich fest in meine Arme!
Dodo

222 Bezieht sich auf das 1938 erschienene Buch »The New Immortality« von John William Dunne (1875-1949), über das Cato mit ihrer Tante Amelie Breling gesprochen hatte. Dunne beschäftigte sich mit Grenzerfahrungen zwischen Traum und Zukunftsvisionen.

Abb.: Albrecht Dürer, Bildnis einer Unbekannten, zwischen 1500 und 1506, Deckfarbe auf Leinwand, Paris, Nationalbibliothek

Dieser Brief klingt nach Abschied, auch wenn Cato nicht bereit war, ihre Hoffnung auf ein Überleben ganz aufzugeben.

Nicht nur für sie bedeutete die Begegnung mit ihren nächsten Verwandten eine tiefe seelische Erschütterung. Ähnlich erging es auch ihrer Mutter und den beiden Geschwistern. Der Gefreite Tim vertraute seinem Kriegstagebuch an:

»Das Erschütterndste meines Urlaubs war mein Besuch bei Dodo, die ich im Gefängnis aufsuchen durfte. Ich hätte sie fast nicht wiedererkannt, als sie – von einer Wärterin begleitet – in das Besuchszimmer geführt wurde, in dem wir auf sie warteten. Sie hatte eine völlig durchsichtige graue Haut und war furchtbar aufgeschwemmt im Gesicht und am Körper (durch die Wassersuppen). Sie weinte bitterlich, als sie mich sah. Auch ich kämpfte mit den Tränen, sodass ich nicht fähig war, etwas zu sprechen.

Es war schrecklich, und alles spielte sich unter den Augen dieser Wärterin ab, obwohl sie vieles nicht sehen wollte, zum Beispiel unsere Umarmung bei der Begrüßung und beim Abschied. An und für sich war das verboten. Völlig erschlagen traten wir den Heimweg an. ...«

Abb.: Foto von Olga und Tim, 1942, das Cato bis zuletzt in der Barnimstraße bei sich hatte

Zusammen mit seiner Mutter und seiner Schwester Mietje hielt Tim sich noch einige Tage in Berlin bei den Verwandten auf, bevor die drei nach Fischerhude zurückkehrten. Gesprächsthema war wieder und wieder das Schicksal von Cato, das besiegelt schien, denn das Todesurteil gegen sie war längst bestätigt worden. Was die Gnadengesuche letztlich bewirken würden, wusste niemand. Hitler und sein Regime befanden sich im Sommer 1943 durch militärische Niederlagen in großer Bedrängnis, und allein diese Tatsache ließ nichts Gutes erwarten. Die deutsche Wehrmacht hatte an fast allen Fronten mit Rückschlägen zu kämpfen.

Seit der verlorenen Schlacht um Stalingrad im Januar 1943 drängte die Rote Armee die Angreifer an mehreren Frontabschnitten zurück. Außerdem verlor die deutsche Luftwaffe endgültig ihren Nimbus der Unbesiegbarkeit; sie musste den alliierten Fliegerstaffeln die Lufthoheit überlassen, sodass nicht nur Fabriken, sondern auch reihenweise Großstädte im deutschen Reich Flächenbombardements ausgesetzt waren. In Nordafrika hatte das deutsche Afrika-Korps schon im Mai 1943 vor der achten englischen Armee kapituliert.

Am Sonntag, dem 24. Juli 1943, durften Olga und ihre Tochter Mietje Cato noch einmal besuchen. Tim war inzwischen zur kämpfenden Truppe in der Donez-Region, der heutigen Ost-Ukraine, zurückgekehrt. Seine Schwester Mietje schilderte später im Gespräch, wie sie diese letzte Begegnung mit Cato erlebte:

»Ich bin mit Mama zum Gefängnis in der Barnimstraße gegangen. Da war ein großer, schrecklicher Raum, kalt und dunkel. Und wir warteten. Und dann wurde Cato hereingeführt, in Pantinen, Socken und einem grauen Kittel. ... Zwischen uns war eine Art Tresen. Cato stand da, und wir standen ihr gegenüber, und die Wärter waren dabei. Und sie hat gefragt: ›Wie geht es dir?‹ Und ob meine Krankheit schon vorbei sei; ich müsse mich schonen usw. Sie interessierte sich vor allem für meine Krankheit. Ich konnte noch immer nicht richtig Luft bekommen wegen dieser furchtbaren Rippenfellentzündung. …

Und Mama hat auch irgendetwas gesagt. Und dann war die Viertelstunde mit einem Mal vorbei. Die Wärterin hat sie weggeführt. Sie war verschwunden. Und plötzlich kam Cato zurück und winkte uns noch einmal zu mit einem Blick, den ich nicht vergessen kann. Ich hatte sie vorher noch gefragt: ›Wie lange wirst du das hier noch schaffen?‹ Und da sagte sie: ›Bis dahin …!‹ Und zeigte auf die braune Binde an ihrem Arm, auf der die Buchstaben ›TK‹ standen – ›Todeskandidat‹.«

SECHSTES KAPITEL

»Schade, dass ich nichts auf der Welt lasse als die Erinnerung an mich«

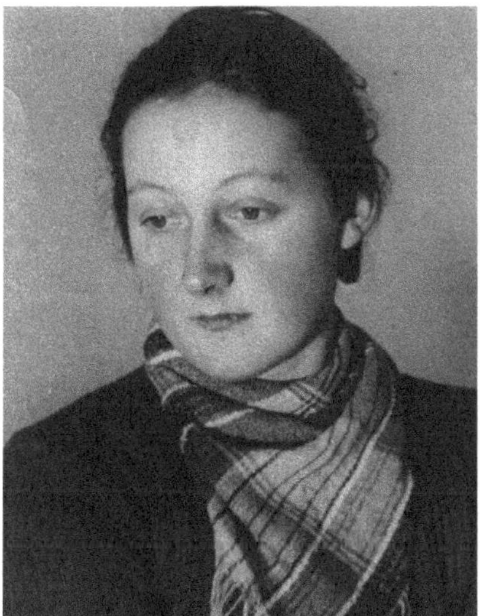

Abschiedsbriefe

Abb.: Cato, 1941

Name des Briefschreibers: Cato Bontjes van Beek

Berlin-Plötzensee, den 5. August 1943
Königsdamm 7
Haus

Gelesen:

Meine liebe, liebe Mama, ich habe geglaubt,
ich könnte Dir diesen letzten Brief als Geburts
tagsbrief schreiben & nun wird es der allerletzte
an Dich sein. Meine Mama, es ist nun soweit & … unter den
ich werde nur noch ein paar …
Lebenden sein. Mama, dass …
sagen kann & Du nicht bei …
Aber ich bin sehr gefasst …
dem Schicksal ausgesöhnt …
immer für diese letzten …
ist nun auch wirklich …
viel Kraft, mit meinen G…
weilen, bei Tim in Ru…
allen anderen Lieben …
der letzten Sprechstun…
Gnade empfinde, jede …
bei Euch in Fischerhude zu sein. Könnte ich doch
meine Ruhe auch auf Dich übertragen. Mein
Herz ist so übervoll um Dir zu danken

Nur die Linien benutzen! Ränder nicht beschreiben!

Der 5. August 1943 war ein Tag, wie Cato Bontjes van Beek ihn liebte. Die Sonne schien. Der tiefblaue Himmel war leicht bewölkt. Am Vormittag war sie vom Berliner Frauengefängnis an der Barnimstraße nach Plötzensee gebracht worden, zusammen mit anderen Frauen und Männern. Sie alle waren Gefangene, die wussten, dass der Tod ihnen unmittelbar bevorstand. Insofern war Cato nicht überrascht, als ihr in Plötzensee kurz nach 13 Uhr mitgeteilt wurde, die zahlreichen für sie eingereichten Gnadengesuche seien endgültig abgelehnt worden, die Hinrichtung werde noch am selben Tage stattfinden.

Hitler persönlich hatte die Liste mit den 17 Namen am 21. Juli 1943 abgezeichnet und vermerkt: »Ich lehne einen Gnadenerweis ab.« Wilhelm Keitel, Chef des Oberkommandos der Wehrmacht, wegen seiner Willfährigkeit gegenüber Hitler »Lakeitel« genannt, unterschrieb gewissermaßen als ausführendes Organ die Todesliste.

In den letzten Stunden bis zur Hinrichtung am Abend um 19.42 Uhr war Pfarrer August Ohm die meiste Zeit an Catos Seite. Den Gefängnisgeistlichen kannte sie aus vorausgegangenen Gesprächen. Ohm ließ Cato allein, als sie sich daran machte, die Abschiedsbriefe zu schreiben – an ihre Mutter Olga, die ständig zwischen Fischerhude und Berlin gependelt war und sich jetzt im Haus in der Bredenau aufhielt, an ihren Bruder Tim, der noch immer als Soldat an der Ostfront eingesetzt war, und an ihre Schwester Mietje, die in Fischerhude weiter ihre Rippenfellentzündung auskurierte. Die drei Briefe sind im Original erhalten geblieben. Catos Schrift bestätigt,

Abb. oben: Olga Bontjes van Beek, Fischerhude an der Wümme, 05.08.1943 – an Catos Todestag gemalt; Abb. links: Catos Abschiedsbrief an ihre Mutter, 05.08.1943; Abb. rechts: Bootsfahrt auf der Wümme, 1928

was sie ihrer Mutter versicherte, und zwar, dass die innere Ruhe, die sie sich für die letzten Stunden gewünscht hatte, auch tatsächlich eingetreten war. Der Schriftzug ist gleichmäßig. Nur an einigen Stellen setzt sie neu an. Und gelegentlich kleckst der Füllfederhalter. Wie in den vielen Briefen zuvor aus der Haft beklagt sie nicht das eigene Los. Vielmehr bereitet ihr Sorge, wie ihre Mutter über diesen Schicksalsschlag hinwegkommen wird. Und sie erteilt Aufträge.

Berlin-Plötzensee,
den 5. August 1943

Meine liebe, liebe Mama,
ich habe geglaubt, ich könnte Dir diesen Brief als Geburtstagsbrief schreiben und nun wird es der allerletzte an Dich sein. Mama, es ist nun soweit und ich werde nur noch ein paar Stunden unter den Lebenden sein. Mama, dass ich es Dir nicht selbst sagen kann und Du nicht bei mir bist, das ist hart. Aber ich bin sehr gefasst und habe mich völlig mit dem Schicksal ausgesöhnt. Die Ruhe, die ich mir immer für diese letzten Stunden gewünscht habe, ist nun auch wirklich bei mir und sie gibt mir viel Kraft, mit meinen Gedanken bei Dir zu weilen, bei Tim in Russland und Meme und allen anderen Lieben. Ich sagte Dir schon bei der letzten Sprechstunde, dass ich es als eine Gnade empfinde, jede Nacht, in meinen Träumen, bei Euch in Fischerhude zu sein. Könnte ich doch meine Ruhe auch auf Dich übertragen. Mein Herz ist so übervoll, um Dir zu danken und die Liebe zu Euch allen werde ich dalassen. Meine geliebte Mama, ich hoffe so sehr, dass Du diesen Schmerz, den ich Dir durch meinen Tod bereite, überwinden wirst und dadurch in Deiner Kunst noch größer wirst. Ich hätte Dir noch so viel zu sagen und nun geht es mir wie schon so oft, dass ich alles bereits gesagt weiß. Wir sind uns ja so nahe, und was ich denke, weißt und spürst Du.

Schade, dass ich nichts auf der Welt lasse als nur die Erinnerung an mich. Es ist alles viel einfacher als man denkt und ich weiß, dass ich Dir diese Kraft zu verdanken habe und ich bin Dir ja so dankbar und ich möchte Dir alles tausendfach zurückgeben. Behalte meine Liebe, meine liebe, gute Mama. Male schöne Bilder und habe noch viel, viel Freude an Meme und Tim. Neulich habe ich in der Kirche ein kleines Bachstück auf der Orgel gehört und Du weißt, was das für mich bedeutete. Du wirst an Meme und Tim noch große Freude haben.
Grüße alle lieben Menschen. Papa und Rali. Und ich glaube, dass Papa auch noch viele schöne Keramiken den Menschen schenken wird und sie sich daran freuen werden.
Die Menschen sind alle lieb und gut, das weiß ich und daran glaube ich.
Ich lege einen Brief an Tim diesem Brief bei und Du wirst dafür sorgen, dass er ihn bekommt und auch an Meme in Fischerhude habe ich geschrieben.
Ich brauch Dir ja eigentlich gar nicht so viel zu schreiben, denn ich spüre Dich so lebhaft und all das, was ungesagt ist, weißt Du immer.
Grüße alle in der Bismarckstraße und auch Lolo und Ulrich und Christian.
Lebe wohl, male wieder viel und ich umarme Dich ganz fest in Gedanken.
Immer bin ich bei Dir, meine liebste Mama.
Dodo

Berlin-Plötzensee,
den 5. August 1943

Mein liebster, guter Tim,
eigentlich brauche ich Dir gar nicht mehr zu sagen, wie lieb ich Dich habe und wie sehr meine Gedanken immer bei Dir waren. Es war so schön, dass ich Dich noch einmal sehen konnte. Wie

bist Du groß geworden und stark. Vielleicht kann ich Dir auch helfen, dass Du beschützt wirst und einmal wieder bei Mama und Meme in Fischerhude bist. Dann lebe weiter in der Musik, ich weiß ja so genau, dass Du noch einmal sehr viel leisten wirst. Vorhin habe ich das Thema vom 5. Brandenburgischen Konzert vor mir her gesungen und all Deine vielen Stücke von Bach habe ich im Kopf. Mein guter Tim! Ich bin gar nicht traurig und habe Euch alle so sehr lieb. Lebe wohl, behalte mich lieb und möge der liebe Gott Dich immer beschützen.
Viele, viele Grüße
Deine Schwester Dodo.

Berlin-Plötzensee,
den 5. August 1943

Meine geliebte Meme,
es ist mein großer Wunsch, dass Du immer bei Mama bleibst und sie nie verlässt. Du musst ihr nun eine große Stütze sein und später bist Du dann auch so weit, dass Du in Großvaters und Mamas Fußstapfen steigst und auch so viel in der Malerei erreichst wie sie. Gerade in den letzten Tagen dachte ich viel an Großvater Breling und seine Malerei.
Weißt Du, lies doch mal ganz systematisch die vier Evangelien, Du glaubst gar nicht, wie stark man durch dies systematische Lesen wird. Sei nicht allzu traurig, dass ich nicht mehr bei Euch auf der Welt sein werde, sondern nur noch in Euch weiter lebe. Du musst im Leben all das liegen lassen, was Dich nicht geistig weiter bringt. Es gibt sehr vieles, das unnütz ist, leider weiß man es erst etwas zu spät. Du bist mir eine so liebe Schwester. Werde wieder ganz gesund und lerne viel, bleibe meine liebe, gute Meme. Du glaubst es mir doch, dass ich ganz ruhig und gefasst bin? Ich weiß ja, dass es Dir auch so gehen würde und wir alle dasselbe denken über den Tod. Es gibt keine räumliche Trennung und was ist Zeit? Wir

werden einmal alle wieder zusammen sein, bei Großvater und Großmutter.
Ich schließe Dich in Gedanken in meine Arme und bin immer bei Dir.
Innigst Deine Schwester Dodo.
Grüße meine gute Amelie und dank ihr für alle Liebe, als ich noch klein war und nun bis zuletzt und Haina und ihre ganze Familie.

Als die drei Abschiedsbriefe zu Papier gebracht waren, nutzte Cato die verbleibende Zeit, um sich noch einmal mit dem Gefängnisgeistlichen auszutauschen. Pfarrer Ohm hat später ihrer Mutter Zitate aus dieser letzten Unterredung übermittelt:

Ich habe mich mit allem ausgesöhnt. Ich habe keinen Hass und bin niemandem gram. Ich liebe die Menschen wie vorher, auch den Vater. Ich danke allen. An Amelie habe ich einen besonderen Wunsch. Sie soll das Buch von Dunne übersetzen. Meine letzten Gedanken werden bei Mama sein.

Eine Wärterin aus dem Frauengefängnis an der Barnimstraße, die aus dem Briefwechsel von Cato die Adresse ihrer Verwandten kannte, klingelte am Abend des 5. August an der Haustür in der Bismarckstraße 114 und berichtete Jossie und Hans Schultze-Ritter schluchzend, Cato sei am Morgen abgeholt worden. »Sie lebt nicht mehr.« Die beiden, die in den zurückliegenden Monaten immer wieder Olga Bontjes van Beek beherbergt und mit ihr um Cato gebangt hatten, schickten umgehend ein Telegramm nach Fischerhude und kündigten ihr Kommen an.

Als Olga Schwester und Schwager vom Postbus abholte, erfuhr sie die schreckliche Nachricht. Sie erstarrte, reagierte wie versteinert, war unfähig, etwas zu sagen. Erst als sie das Wohnhaus in der Bredenau erreicht hatte, brach sie in Tränen aus. Menschen strömten ins Haus, Nachbarn, Freunde und Bekannte, um die Mutter von Cato und ihre Schwester Mietje zu trösten. Bald darauf richtete Olga ein Telegramm an den Gefreiten Tim, Feldpostnummer 22912: »Sofort kommen, brauche Dich dringend, da Cato nicht mehr lebt. Mama.« Erst am 22. August 1943 hielt Tim die Nachricht vom Tod seiner Schwester in der Hand. An ein Verlassen des Frontabschnitts war nicht zu denken. Tim blieb mit seinem Schmerz allein.

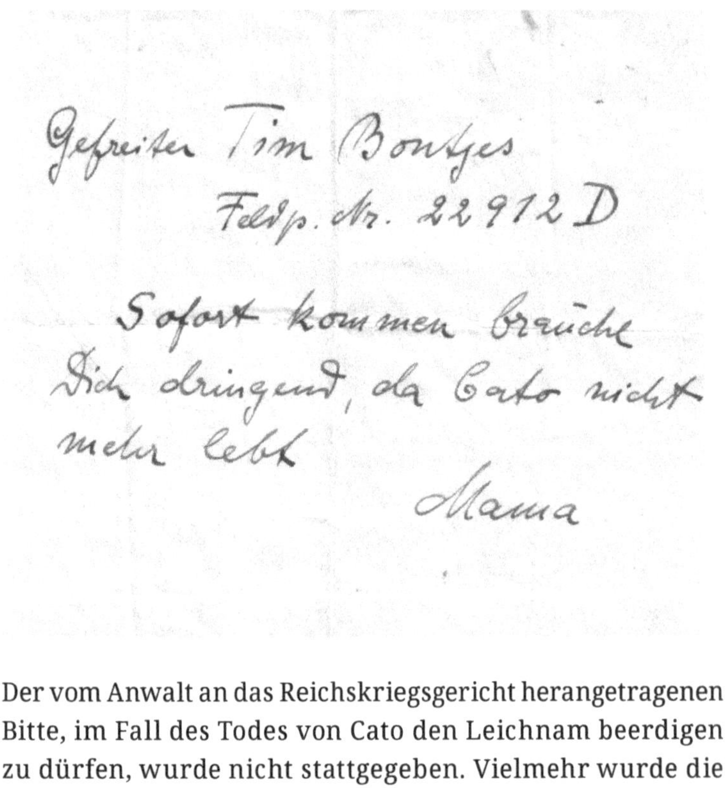

Gefreiter Tim Bontjes
Feldp. Nr. 22912 D

Sofort kommen brauche Dich dringend, da Cato nicht mehr lebt

Mama

Der vom Anwalt an das Reichskriegsgericht herangetragenen Bitte, im Fall des Todes von Cato den Leichnam beerdigen zu dürfen, wurde nicht stattgegeben. Vielmehr wurde die Tote dem Anatomisch-Biologischen Institut der Friedrich-

Abb.: Olgas Nachricht an Tim nach Catos Tod

Wilhelm-Universität in Berlin zu medizinischen Forschungszwecken übergeben. Prof. Dr. Hermann Stieve war es, der den Leichnam von Cato »zu Gewebeschnitten verarbeitete«. Für den Arzt handelte es sich um »Werkstoff«, der sein Institut in eine einmalige Lage versetze. »Ich bin verpflichtet, diesen Werkstoff entsprechend zu bearbeiten, zu fixieren und zu bewahren[223].«

Sein Forschungsschwerpunkt konzentrierte sich auf den weiblichen Zyklus. Bei den Leichen aus Plötzensee, die auf seinem Seziertisch landeten, wusste er, um welchen Personenkreis es sich handelte. Für die Anlieferung verabredete er mit der Hinrichtungsstätte von ihm bevorzugte Zeiten. Nach dem Krieg konnte Stieve seine wissenschaftliche Laufbahn ungehindert fortsetzen.

In seinem Nachlass wurden im Jahre 2016 insgesamt 300 Gewebeproben von ermordeten Frauen entdeckt. Nach einer intensiven Diskussion entschieden sich die Berliner Charité als Nachfolge-Klinik des Berliner Anatomischen Instituts und die Gedenkstätte Deutscher Widerstand in Abstimmung mit der Jüdischen Gemeinde und den beiden christlichen Kirchen, die mikroskopischen Präparate nicht einfach zu beseitigen, sondern zu bestatten. Im Rahmen eines wissenschaftlichen Forums fand am 13. Mai 2019 auf dem Dorotheenstädtischen Friedhof in Berlin die Beisetzung statt. Eine Grabplatte erinnert an die 2800 in Plötzensee durch das Fallbeil oder den Strang ermordeten Menschen.

Drei Monate nach Catos Hinrichtung schrieb Jan an Olga Bontjes van Beek die folgenden Zeilen, und zwar unter dem Datum 14. November 1943 – Cato wäre an diesem Tag 23 Jahre alt geworden.

223 Ernst Klee, »Auschwitz, die NS-Medizin und ihre Opfer«, Frankfurt / M. 1997, S. 101f.

Geliebte Olga,
heute zum Geburtstag unserer Tochter möchte ich Dir einen lieben Gruß übersenden. Es ist mir so, als ob Dodo um mich wäre mit allem, was sie tut und denkt und sie so unvergesslich macht. Dieses wunderbare Kind hat nach allen Richtungen sein Leben so stark ausgestrahlt, und dies wird mir täglich von vielen Menschen bestätigt, dass es mir unmöglich ist, an das Furchtbare zu glauben und es in meinen Lebenskreis einzubeziehen. Wir haben wenig darüber gesprochen und die Andeutungen haben genügt, unser in jeder Beziehung schönes Kind aufs Neue in unser Herz zu schließen. Wir taten das zum ersten Mal vor 23 Jahren an einem Sonntag. Olga, ich wünsche Dir so, dass Du über diesen schweren Berg hinübergelangst, diesen Berg, dessen Aufstieg für mich das Schwerste ist, was ich in meinem Leben bis heute zu leisten hatte. Noch bin ich nicht so weit und ich weiß heute noch nicht, ob ich nach Erklimmung dieser Bergspitze den Blick in die Niederungen als eine Realität erkennen werde. Sei versichert, liebe Olga, dass ich mit Dir maßlos leide. …
Sei in getreuer Liebe umarmt von Deinem alten Jan.

SIEBTES KAPITEL

Erinnerungskultur im Kalten Krieg

Olga Bontjes van Beek kämpfte Jahrzehnte lang um die Anerkennung ihrer Tochter als Opfer des NS-Regimes und die nachträgliche Aufhebung des Todesurteils.

Abb.: Olga Bontjes van Beek, 1941

Cato Bontjes van Beek hatte
Abendschule in der Kleiststr
gewissen Graudenz Kontakt gefunden.
leuten Schumacher fanden zunächst Diskussions
die dazu bestimmt waren, den Kreis im Sinne der kommuni-
stischen Weltanschauung zu festigen.
Schulze-Boysen, Graudenz und Schumacher, die seit lämgerem
im Dienst der sowjetrussischen militärischen Spionage
standen, unterrichteten die Beek über ihre Verbindungen zu
sowjetrussischenAgenten, die während des Krieges teils als
Fallschirmspringer, teils durch die Frontlinie in deutscher
Uniform durchgesickert waren. Aus Sicherheitsgründen wollte
Schulze-Boysen und vor allem Graudenz, der als kommunistischer
Agent beteits vor dem Kriege aus Irla ogen war,
es vermeiden, mit den Agenten direkt
Beek nahm nunmehr etwa seit Frühsomme
Übermittlung der Verratsmeldungen wa
Treffs in einer Telefonzelle in Berl
Es war vorher mit den Agenten verein
in der Telefonzelle zu einer bestim
ten Seite in dem dort ausliegenden
hinterlegt wurden.
Sie wußte, daß es sich um Produkti
handelte, die teils Graudenz, teil
die für Schulze-Boysen tätig waren
Bei der Dechiffrierung aufgefangen
gestellt, daß die Beek auch als A
Moskau gemeldet war.

Nach dem Ende des Zweiten Weltkrieges stand Olga Bontjes van Beek vor dem Nichts. Cato war tot. Ihr Sohn Tim hatte die schweren Kämpfe an der Ostfront zwar überlebt, ihm war aber die rechte Hand zerschossen worden, sodass seine Laufbahn als Pianist beendet schien. An den Verkauf ihrer Bilder war nicht zu denken. Im Elend der Nachkriegsjahre ging es um das nackte Überleben. Kunst galt eher als Nebensache.

Ein eigenes Einkommen besaß Olga somit nicht. Von ihrem geschiedenen Mann konnte sie kaum Unterstützung erwarten, weil dieser mit seiner sechsköpfigen neuen Familie ebenfalls nur mit Mühe über die Runden kam.

In ihrer Not unternahm sie nach der Währungsreform im Jahre 1948 den Versuch, als Hinterbliebene eines NS-Opfers anerkannt zu werden, um eine Haftentschädigung und eine Rente zu erhalten. Ferner wollte sie das verbrecherische Todesurteil gegen ihre Tochter nachträglich aufheben lassen, was jedoch erst 1999 erfolgte, vier Jahre nach dem Tod der Malerin.

Die junge Bundesrepublik verstand sich als Rechtsstaat, der gegenüber der NS-Diktatur einen klaren Trennungsstrich ziehen wollte. Die von der Siegermacht USA auferlegte Entnazifizierung sollte ehemalige Nazis aus wichtigen Ämtern und Führungspositionen entfernen und diejenigen, die Verbrechen begangen hatten, zur Rechenschaft ziehen.

Insgesamt vergingen zehn Jahre, bis Olga Bontjes van Beek nach einer zermürbenden rechtlichen Auseinandersetzung 1958 endlich die ihr nach dem Gesetz zustehende

Abb. oben: Catos Porträt, Flachrelief von Amelie Breling; Abb. Mitte: Auszug aus der Zeugenaussage Manfred Roeders vor dem Amtsgericht Bleckede vom 14. Juni 1955; Abb. unten: Olga Bontjes van Beek, Selbstporträt mit roter Bluse, 1943

Wiedergutmachung sowie eine bescheidene Rente zugesprochen bekam. Dieser Rechtsstreit trieb sie an den Rand ihrer physischen und seelischen Kräfte.

Das ganze Ausmaß an Zurückweisungen, Zumutungen und Ungeheuerlichkeiten seitens der Behörden hatte einen einfachen Grund: Ob auf kommunaler Ebene oder in der Justiz – fast überall versahen ehemalige Nazis ihren Dienst, verschickten Bescheide und sprachen Recht. Die Entnazifizierung war im beginnenden Kalten Krieg bereits im Ansatz stecken geblieben.

Die ehemaligen Schreibtischtäter machten einfach weiter und taten so, als ob nichts geschehen wäre. Sie dachten nicht daran, das massenhaft begangene Unrecht als solches anzuerkennen und wiedergutzumachen, wie es das Gesetz verlangte.

Das unwürdige juristische Gezerre begann damit, dass Olga Bontjes van Beek mit ihrem Antrag zunächst ein Entnazifizierungsverfahren gegen sich selbst auslöste, für das der zuständige Landkreis Verden zehn Monate brauchte, bis die Behörde das Verfahren für gegenstandslos erklärte.

Darüber hinaus unternahmen einzelne Beamte mehrfach den Versuch, die Motive für den Widerstand Catos infrage zu stellen, ihr posthum also noch einmal die Würde zu nehmen. In Schriftsätzen wurde gar Gewinnsucht als Triebfeder ihrer Handlungen in Betracht gezogen oder Gefälligkeit gegenüber Dritten. Der Beweis der Überzeugungstäterschaft müsse erst noch erbracht werden, hieß es.

Abb.: Manfred Roeder beim Nürnberger Juristenprozess, 1947

Der Gipfel der Ungeheuerlichkeit war erreicht, als die Entschädigungskammer des Landgerichts Stade im Februar 1957 ausgerechnet Manfred Roeder, der als Chefankläger des Reichskriegsgerichts in Berlin Dutzende von Anhängern der *Roten Kapelle* mit in den Tod geschickt hatte, in den Zeugenstand rief. Im Gerichtssaal musste Olga Bontjes van Beek die Anwesenheit des Mannes ertragen, der Hitlers mörderischer Justiz an führender Stelle gedient und nach dem Krieg von seiner fanatischen NS-Gesinnung keineswegs Abstand genommen hatte.

Cato war 1943 wegen »Beihilfe zur Vorbereitung des Landesverrats« verurteilt worden. Mit Hilfe von Roeder versuchte die Kammer, den damaligen Richterspruch im Nachhinein zu rechtfertigen. Als Zeuge tischte Roeder eine Batterie von Unwahrheiten auf, so, wie er es bereits zuvor gegenüber dem amerikanischen Geheimdienst getan hatte, der ihn als glaubwürdigen Zeitzeugen für die Einschätzung der *Roten Kapelle* ansah. Roeder unterstellte Cato Spionagetätigkeit aus minderwertigen Motiven. Die Kammer sah es genauso und rechtfertigte das Todesurteil des Reichskriegsgerichts gegen Cato Bontjes van Beek 1957 mit den Worten: »Das Urteil musste nach den damals geltenden Bestimmungen auf Todesstrafe lauten. Eine Verurteilung wegen Spionage ist keine typisch nationalsozialistische Unrechtshandlung. Spionage ist in allen Staaten strafbar.«

Erst ein Jahr später korrigierte die Kammer ihr eigenes Urteil und sprach Olga Bontjes van Beek eine Entschädigung und eine Rentennachzahlung zu. Aber auch mit dieser Entscheidung lag der Gedanke, Cato als mutige Widerstandskämpferin anzuerkennen und ihre Hinrichtung als einen brutalen Justizmord zu brandmarken, noch in weiter Ferne. Und ähnlich wie Cato erging es den meisten anderen Anhängern der Widerstandsgruppe mit dem verfänglichen Namen *Rote Kapelle*, der noch aus dem Fahndungsbuch der Gestapo stammte. Funker galten als Pianisten. Als Gruppe bildeten sie eine Kapelle – so die Denke der Gestapo-Fahnder.

Weitere Jahrzehnte vergingen, bis die *Rote Kapelle* in Historikerkreisen als eine legitime Widerstandsgruppe anerkannt wurde. Bis zum Ende der DDR im Jahre 1990 wurden ihre Unterstützer buchstäblich zwischen den ideologischen Fronten des Kalten Krieges im geteilten Deutschland zerrieben. Die Chance, einen unverstellten Blick auf die aus vielerlei Facetten und politischen Richtungen zusammengesetzte Gruppe zu werfen, wurde von Anfang an vertan. Die Darstellung westdeutscher Medien, die das Bild einer weltumspannenden kommunistischen Spionageorganisation zeichneten, die womöglich immer noch im Dienste Moskaus am Werk war, passte nur allzu gut in die Zeit des Kalten Krieges.

Zu dieser Wahrnehmung in Westdeutschland trugen in den 1950er- und 1960er-Jahren nicht nur unverbesserliche Nazis wie Roeder bei. Die Verklärung der großen Schlachten des Zweiten Weltkrieges vor allem an der Ostfront in Büchern und Filmen taten ihre Wirkung. Vor allem aber schuf die Berichterstattung großer westdeutscher Tageszeitungen und Magazine ein Klima, das eine nüchterne Besinnung auf historische Fakten kaum zuließ.

Die Blätter überboten sich mit Enthüllungen über die Funksprüche, welche die *Rote Kapelle* angeblich von Berlin aus nach Moskau geschickt habe. Ja, die Gruppe suchte den Kontakt sowohl zur sowjetischen als auch zur amerikanischen Botschaft in Berlin, um wichtige Informationen über die Vorbereitungen der Wehrmacht für den Angriff auf die Sowjetunion an die Alliierten weiterzuleiten. Aber Funksprüche wurden überhaupt nicht abgesetzt. Die Übertragungstechnik funktionierte nicht.

Die SED-Führung in Berlin (Ost) trug das ihre dazu bei, das Bild der Widerstandsgruppe zu verfälschen, und leistete damit zugleich der westlichen Sicht auf die *Rote Kapelle* Vorschub. Denn die DDR vereinnahmte führende Anhänger der Gruppe als »Kundschafter des Volkes«, die unter der Führung der KPD heldenhaften Widerstand geleistet hätten. Ihre Namen zierten bald Kriegsschiffe, Kindergärten und andere Einrichtungen.

Auch diese staatlich propagierte Sicht erwies sich als verhängnisvoll, weil sie die ursprünglich von der Gestapo verbreitete Darstellung, es handle sich um eine kommunistische Spionageorganisation, zu bestätigen schien und gleichsam ungewollt die westliche Kalte-Kriegs-Version nach 1945 mit absegnete.

1990, im letzten Jahr ihres Bestehens, öffnete die DDR ihre Archive. Damit bot sich endlich die Möglichkeit, einen sachlichen und unvoreingenommenen Blick auf die Widerstandsgruppe zu werfen. Die Gedenkstätte Deutscher Widerstand in Berlin ergriff die Chance, den Mythos *Rote Kapelle* zu überwinden und ein historisch korrektes Bild über Motive und Aktionen der Gruppe zu zeichnen.

Jetzt konnte der Opfermut von Harro Schulze-Boysen und Arvid Harnack, aber auch von Anhängern wie Cato Bontjes van Beek angemessen dargestellt werden. Kommunisten gab es in der Gruppe, einige wenige; Sozialisten auch, wie etwa Adolf Grimme, der sich zugleich als Christ verstand. Ansonsten handelte es sich um einen bunten Kreis von Offizieren, Beamten, Intellektuellen, Künstlern und Arbeitern, der von niemandem gesteuert wurde, sondern eigenständig agierte.

Die ideologische Vereinnahmung der *Roten Kapelle* durch die

Abb.: Catos Stolperstein vor dem Haus am Kaiserdamm 22 in Berlin-Charlottenburg

Bundesrepublik und mit umgekehrtem Vorzeichen durch die DDR erklärt, warum diese Widerstandskämpfer letztlich bis heute nicht den ihnen gebührenden Platz im öffentlichen Bewusstsein eingenommen haben. Das gilt insbesondere auch für Cato Bontjes van Beek.

Abb.: Cato auf der Schleuse in Fischerhude, 1936

ZU DIESER AUSGABE

Dieses Buch erscheint zum 100. Geburtstag von Cato Bontjes van Beek am 14. November 2020. Im Jahre 2013 habe ich ihre Lebensgeschichte unter dem Titel »Cato Bontjes van Beek« als Porträt herausgebracht, eine erweiterte Ausgabe der ein Jahrzehnt zuvor erschienenen Biografie »Cato Bontjes van Beek – Ich habe nicht um mein Leben gebettelt«. Von Anfang an war es mein Ziel, dazu beizutragen, die Widerstandskämpferin so bekannt zu machen wie Sophie Scholl, deren Leben und Sterben ich in drei Büchern behandelt habe, das bekannteste: »Das kurze Leben der Sophie Scholl«.

Die beiden bisherigen Bücher über Cato enthalten bereits Ausschnitte aus ihren Aufzeichnungen. Für diese Ausgabe, die sich zum Ziel gesetzt hat, Catos Leben insbesondere anhand ihrer zahlreichen Briefe nachzuzeichnen, konnte ich auf noch umfangreicheres Material zurückgreifen. Mir stand das von ihrem Bruder Tim Bontjes van Beek über einen Zeitraum von mehr als zwei Jahrzehnten aufgebaute Archiv über seine Schwester, den großen Kreis der Verwandten und Freunde sowie über die *Rote Kapelle* und den Widerstand komplett zur Verfügung, darunter die im Original erhaltenen Briefe von Cato und viele bislang unveröffentlichte Fotografien.

Die Übersetzerin Saskia Bontjes van Beek, Tochter von Catos Bruder Tim, betreut den Nachlass ihres Vaters. Sie hat die Entstehung der Ausgabe mit den Briefen von Cato in jeder Phase begleitet, Hintergründe recherchiert und Fotos zur Verfügung gestellt, von denen ein erheblicher Teil bislang unveröffentlicht ist. Für ihre Mitwirkung und Unterstützung bin ich besonders dankbar.

Uns verbindet das Anliegen, die Erinnerung an Cato wachzuhalten, ihren Widerstand aus der Zeit des Nationalsozialismus verständlich zu machen, ohne ihn zu überhöhen, und damit nicht zuletzt auch jungen Menschen die Möglichkeit zu geben, aus dem Wissen um den damaligen Widerstand Lehren für Gegenwart und Zukunft zu ziehen. Die Gegnerschaft der Wenigen – Widerstand im Dritten Reich war keine Massenbewegung – soll heute möglichst viele dazu bewegen, sich dem Rechtsextremismus von Neonazis mutig in den Weg zu stellen.

Die Ausgabe ist chronologisch aufgebaut, beginnend mit Catos Englandaufenthalt im Alter von 16 Jahren. Erläuterungen zum persönlichen und zeithistorischen Umfeld ergänzen die Briefe. Es entsteht das umfassende Lebensbild einer jungen Frau, die konsequent ihren Weg ging, und dies keineswegs aus Leichtsinn oder riskantem Opfermut. Das Gegenteil war der Fall. Wenn ihre Briefe eines belegen, dann dies: Cato hing mit jeder Faser am Leben. »Leben will ich, leben, leben, leben«, schrieb sie in einem Kassiber, an dem Tag, als das Reichskriegsgericht in Berlin sie zum Tode verurteilte.

Hermann Vinke, Juni 2020

EDITORISCHE HINWEISE

Für alle Texte gilt die neue deutsche Rechtschreibung. Fehler in Grammatik und Rechtschreibung wurden weitgehend korrigiert, die Zeichensetzung beibehalten.. Häufig fügt Cato anstelle des Wortes »und« in den Text ein Pluszeichen ein. In der Wiedergabe wird es durch ein ausgeschriebenes »und« ersetzt. Bei einigen Überlängen oder Wiederholungen in den Originalbriefen wurden Kürzungen vorgenommen. Kürzungen innerhalb oder am Ende eines Absatzes wurden mit … markiert, die Streichung eines ganzen Absatzes mit (…). Unterstreichungen in den Briefen wurden übernommen.

Alle Fotos stammen, soweit nicht anders angegeben, aus dem Archiv von Saskia Bontjes van Beek.

KURZPORTRÄTS

Bontjes van Beek, Jan (1899-1969): Vater von Cato, Mietje und Tim Bontjes van Beek. International anerkannter Keramiker, Hochschullehrer, nach dem Ersten Weltkrieg Mitglied der revolutionären Arbeiter- und Soldatenräte. Beschäftigte während der NS-Zeit Verfolgte in seiner Berliner Werkstatt, 1942 zeitweise verhaftet, vier Kinder mit seiner zweiten Frau, der Innenarchitektin Rahel Weisbach.

Bontjes van Beek, Mietje (1922-2012): Schwester von Cato, Malerin.

Bontjes van Beek, Olga, geb. Breling (1896-1995): Mutter von Cato, Mietje und Tim Bontjes van Beek, jüngste Tochter von Heinrich Breling, Ausdruckstänzerin und Malerin, Anker der Familie nach der Trennung von ihrem Mann Jan Bontjes van Beek 1933; nach dem Krieg zehn Jahre juristische Auseinandersetzung um Anerkennung ihrer Tochter als Widerstandskämpferin.

Bontjes van Beek, Tim (1923-2013): Bruder von Cato, Pianist, Musikredakteur, Aufbau eines Archivs über seine ermordete Schwester, den Widerstand im Dritten Reich und den Zweiten Weltkrieg.

Breling, Amelie (1876-1966): Tante Catos, älteste der sechs Töchter von Heinrich Breling, Malerin, Bildhauerin, Keramikerin, Aufbau der *Fischerhuder Kunstkeramik / FKK* mit Jan Bontjes van Beek, die sie nach dem Wechsel von Jan nach Berlin ab 1933 allein weiterführte.

Breling, Emma (1892-1973): Tante Catos, Pädagogin, zeitweise in Russland, Angestellte bei Siemens in Berlin.

Breling, Heinrich (1849-1914): Großvater von Cato, Maler am Hof Ludwigs II. in München, Königlicher Akademie-Professor, zunächst als Maler von Genrebildern und Schlachtengemälden bekannt, 1908 Bau des Hauses in der Bredenau, wo sein Spätwerk entsteht: Selbstporträts, Stillleben und Szenen aus dem Landleben.

Harnack, Arvid (1901-1942): Wirtschaftswissenschaftler, Regierungsrat im Reichswirtschaftsministerium, neben Harro Schulze-Boysen Kopf der Widerstandsgruppe *Rote Kapelle*, Verbindungen zu anderen Widerstandsgruppen, darunter *Kreisauer Kreis*. 1942 hingerichtet. Verheiratet mit der Amerikanerin Mildred Fish (1902–1943), Literaturwissenschaftlerin, Übersetzerin, die ebenfalls ermordet wurde.

Küchenmeister, Rainer (1926-2010): Maler, steht als 16-Jähriger im Polizeigefängnis am Alexanderplatz in Berlin in engem Kontakt zu Cato, studiert nach 1945 an der Hochschule für angewandte Kunst in Berlin-Weißensee, wo Jan Bontjes van Beek Direktor ist, malt Figuren ohne Gesichter, seine Kunst geprägt von der Verbindung zu Cato, mit der er über Heizungsrohre sprechen und sich per Kassiber austauschen konnte, ohne ihr je zu begegnen.

Meirowsky, Katja, geb. Casella (1920-2012): Malerin, Mutter Jüdin, Vater Kommunist, studiert an der Berliner Hochschule für Künste, Widerstandsaktionen mit Cato, letzte Zeugin der *Roten Kapelle*, Flucht vor der Gestapo nach Polen, heiratet nach dem Krieg Karl Meirowsky, der vor den Nazis nach England geflüchtet war, beide Mitbegründer des Kabaretts *Die Badewanne* in Berlin, 1953 nach Ibiza ausgewandert.

Modersohn, Christian (1916-2009): einer der beiden Söhne von Louise und Otto Modersohn und damit Cousin von Cato, Maler, Soldat im Zweiten Weltkrieg, Gründer des Otto-Modersohn-Museums in Fischerhude.

Modersohn, Louise, geb. Breling, genannt *Lolo* (1883-1950): Tante Catos, zweite Tochter von Heinrich Breling, Opernsängerin und Malerin, dritte Frau des Malers Otto Modersohn, Mutter von Christian und Ulrich Modersohn.

Modersohn, Otto (1865-1943): Maler, Mitbegründer des Malerdorfs Worpswede, in zweiter Ehe mit Paula Modersohn-Becker verheiratet, in dritter Ehe mit Louise Breling, Wechsel nach Fischerhude, großes Ansehen als Landschaftsmaler; seine Werke sind heute im Otto-Modersohn-Museum in Fischerhude zu sehen.

Modersohn, Ulrich (1913-1943): Sohn von Luise und Otto Modersohn und damit Cousin von Cato, Maler, 1943 an der Ostfront gefallen.

Rilke-Westhoff, Clara (1878-1954): Malerin, Bildhauerin, zählte zum Freundeskreis Vogeler-Modersohn-Breling-Bontjes van Beek, 1901 Heirat mit Rainer Maria Rilke, lebte ab 1919 bis zu ihrem Tod 1954 in ihrem Haus in der Bredenau.

Schmidt, Henriette, geb. Breling, genannt *Haina* (1891-1982): Tante Catos, Tochter von Heinrich Breling, Ehefrau von Fritz Schmidt.

Schultze-Ritter, Josephine, geb. Breling, genannt *Jossie* (1889-1979): Tante Catos, die zeitweise bei ihr in der Bismarckstraße in Berlin wohnte, Komponistin von Kammermusik und Orchesterwerken.

Schultze-Ritter, Hans (1890-1968): Onkel Catos, Kapellmeister, Hochschullehrer.

Schulze-Boysen, Harro (1909-1942): Publizist, NS-Gegner, 1933 festgenommen, zeitweise in Haft, Oberleutnant im Reichsluftfahrtministerium, neben Arvid Harnack politischer Kopf der Widerstandsgruppe *Rote Kapelle*, 1942 hingerichtet.

Schulze-Boysen, Libertas (1913-1942): Mitarbeiterin der US-Filmgesellschaft Metro-Goldwyn-Mayer, dann Bildstelle des Reichspropagandaministeriums, Ehefrau von Harro Schulze-Boysen, Widerstandsaktivitäten, 1942 hingerichtet.

Strelow, Heinz (1915-1943): Freund Catos, Lyriker, gemeinsame Aktivitäten im Widerstand, 1943 in Plötzensee hingerichtet.

Vogeler, Heinrich (1872-1942): Maler, Grafiker, Innenarchitekt, Gründer der sozialistischen Kommune *Barkenhoff* in Worpswede, Kontakt zu Jan Bontjes van Beek, häufiger Gast im Haus in der Bredenau in Fischerhude, 1931 in die Sowjetunion emigriert, nach Kasachstan deportiert, dort umgekommen.

Abb.: Rainer Küchenmeister, Tim und Saskia Bontjes van Beek, Berlin 1992

LITERATUR

Bontjes van Beek, Mietje, *Verbrennt diese Briefe! Kindheit und Jugend im Hitlerreich,* Fischerhude 1998

Coppi, Hans u. Andresen, Geertje (Hg.), *Dieser Tod passt zu mir. Harro Schulze-Boysen – Grenzgänger im Widerstand. Briefe 1915 bis 1942,* Berlin 1999

Coppi, Hans, Danyel, Jürgen, u. Tuchel, Johannes, *Die Rote Kapelle im Widerstand gegen den Nationalsozialismus,* Berlin 1994

Flügge, Manfred, *Meine Sehnsucht ist das Leben. Eine Geschichte aus dem deutschen Widerstand. Dokumentar-Roman,* Berlin 1996

Geyken, Frauke, *Wir standen nicht abseits. Frauen im Widerstand gegen Hitler,* München 2014

Griebel, Regina, Coburger, Marlies, u. Scheel, Heinrich, *Erfasst? Das Gestapo-Album zur Roten Kapelle. Eine Foto-Dokumentation.* Hg. in Verbindung mit der Gedenkstätte Deutscher Widerstand, Halle/Saale 1992

Jakobson, Hans-Peter u. Ellwanger, Volker (Hg.), *Jan Bontjes van Beek, Keramiker. 1899-1969. Ausstellung zum 100. Geburtstag,* Jena 1999

Kluge, Heidelore, *Cato Bontjes van Beek. »Ich will nur eins sein, und das ist ein Mensch«. Das kurze Leben der Widerstandskämpferin. 1920-1943,* Stuttgart 1994

Laotse, *Das Buch des Alten vom Sinn und Leben, Erkenntnis des Leidens,* Jena 1919

Nelson, Anne, *Die Rote Kapelle,* München 2009

Ohler, Norman, *Harro & Libertas – eine Geschichte von Liebe und Widerstand,* Köln 2019

Paul, Elfriede, *Ein Sprechzimmer der roten Kapelle,* Berlin 1981

Roloff, Stefan, u. Vigl, Mario, *Die Rote Kapelle. Die Widerstandsgruppe im Dritten Reich und die Geschichte Helmut Roloffs,* München 2002

Scheel, Heinrich, *Vor den Schranken des Reichskriegsgerichts. Mein Weg in den Widerstand,* Berlin 1993

Steinbach, Peter, u. Tuchel, Johannes (Hg.), *Lexikon des Widerstandes 1933-1945,* München 1994

Dies., *Widerstand in Deutschland 1933-1944. Ein historisches Lesebuch,* München 1994

Trepper, Leopold, *Die Wahrheit. Autobiographie,* München 1978

Vinke, Hermann, *Cato Bontjes van Beek – Ich habe nicht um mein Leben gebettelt,* Zürich-Hamburg 2003

Ders., *Cato Bontjes van Beek – Ein Porträt,* Zürich-Hamburg 2013

Ders., *Das kurze Leben der Sophie Scholl,* Ravensburg 1980

Ders., *Fritz Hartnagel – Der Freund von Sophie Scholl,* Zürich-Hamburg 2005

Ders., *Hoffentlich schreibst Du recht bald – Sophie Scholl und Fritz Hartnagel – Eine Freundschaft 1937-1943,* Ravensburg 2006

Ders., *Wunden, die nie ganz verheilten – Das Dritte Reich in der Erinnerung von Zeitzeugen,* Ravensburg 2010

Ders., *Das Dritte Reich – Eine Dokumentation mit zahlreichen Biografien und Abbildungen,* Ravensburg 2005

Vogeler, Heinrich, *Werden. Erinnerungen mit Lebenszeugnissen aus den Jahren 1923-1942,* Berlin 1989

Weisenborn, Günther u. Weisenborn, Joy, *Wenn wir endlich frei sind – Briefe, Lieder, Kassiber 1942-1943.* Mit einer Einleitung von Hermann Vinke, Zürich-Hamburg 2008

Brendecke, Dagmar, *Cato – ein kurzes Leben im Widerstand,* Dokumentarfilm, Berlin 2009

Brendecke, Dagmar, u. Brun, Walter, *Fliegen will ich. Das kurze Leben der Cato Bontjes van Beek,* Theaterstück 2012

Griebel, Regina, u. Grimm, Thomas, *Cato Bontjes van Beek – Ihr redet alle, aber keiner tut etwas!* Dokumentarfilm 1991

PERSONENREGISTER

A

B

Barbara Schieb, Jutta Hercher (Hg.)
1938 – Warum wir heute genau hinschauen müssen
Mit einem Vorwort von Klaus von Dohnanyi

Gebundene Ausgabe
17 x 24 cm · 208 Seiten
24,95 € [D]/25,70 € [A]
ISBN 978-3-945543-51-1

»So brauchen wir nicht nur die Erinnerung an 1938, an die Jahre davor und danach, sondern auch einen mutigen Blick nach vorn. Denn Freiheit und Demokratie müssen auch heute mit Mut und Zivilcourage verteidigt werden.«

Klaus von Dohnanyi